URSULA OTT (HG.)
24 Adventsgeschichten für den Mann

URSULA OTT (HG.)

24
Advents-
geschichten
für den Mann

edition ❖ chrismon

URSULA OTT

geboren 1963, ist stellvertretende Chefredakteurin von chrismon und Chefredakteurin von evangelisch.de. Sie erhielt zahlreiche Journalistenpreise. In der edition chrismon erschien „Ja toll! Geschichten, die immer nur mir passieren", eine Sammlung ihrer Kolumnen.

Bibliografische Information der Deutschen Nationalbibliothek.
Die Deutsche Nationalbibliothek verzeichnet diese Publikation in der Deutschen Nationalbibliografie; detaillierte bibliografische Daten sind im Internet über http://dnb.d-nb.de abrufbar.

REDAKTION Constanze Grimm

TITELILLUSTRATION Larissa Bertonasco

GESTALTUNG UND UMSETZUNG Kristin Kamprad,
Hansisches Druck- und Verlagshaus GmbH

DRUCK UND BINDUNG DZA Druckerei zu Altenburg GmbH

© Hansisches Druck- und Verlagshaus GmbH, Frankfurt am Main 2011
Alle Rechte vorbehalten. Das Werk einschließlich seiner Teile ist urheberrechtlich geschützt. Jede Nutzung außerhalb der Grenzen des Urheberrechts ist ohne schriftliche Einwilligung des Verlags unzulässig.

Der Verlag hat sich bemüht, die Rechteinhaber der einzelnen Texte ausfindig zu machen. Der Verlag ist selbstverständlich bereit, eventuell bestehende Ansprüche angemessen zu entgelten.

Printed in Germany
ISBN 978-3-86921-080-3

24 ADVENTSGESCHICHTEN FÜR DEN MANN

Inhaltsverzeichnis

URSULA OTT
Vorwort 9

1 PETER STAMM
Elins Äpfel 13

2 MARTIN SUTER
Eine Führungskrise 24

3 HELGE SOBIK
Hoch oben beim Weihnachtsmann 27

4 ANONYM
Eine Wintergeschichte 32

5   ERICH KÄSTNER
Der Weihnachtsabend des Kellners 38

6   KURT SCHWITTERS
Nikolaus 40

7   HANS-JÜRGEN HEISE
Der zu spät erfüllte Wunsch 42

8   KURT TUCHOLSKY
Himmlische Nothilfe 46

9   BERTOLT BRECHT
Das Paket des lieben Gottes 50

10   HANS SCHEIBNER
Familienglück 56

11   BRÜDER GRIMM
Der goldene Schlüssel 60

12   FRANK SCHULZ
Der Schornsteinfeger 61

13   ROBERT GERNHARDT
Die Falle. Eine Weihnachtsgeschichte 70

14   WALTER BENJAMIN
Blumeshof 12 82

15   RAINER MARIA RILKE
Brief an die Mutter 88

16   NACH DEM PROPHETEN JESAJA
Verheißung des Messias 91

17   ÖDÖN VON HORVÁTH
Legende vom Fußballplatz 92

18   MATTHIAS CLAUDIUS
Ein Lied hinterm Ofen zu singen 97

19	JOACHIM RINGELNATZ *Was würden Sie tun …* 99	
20	WALTER MÜLLER *Meine zwei Adventkalender* 100	
21	HERBERT ROSENDORFER *Der Weihnachtsdackel* 103	
22	TOMI UNGERER *Eine genaue Untersuchung* 115	
23	MARGRET RETTICH *Die Kirchengeschichte* 118	
24	NACH DEM LUKASEVANGELIUM *Jesu Geburt* 123	

Anmerkungen und Textnachweise 125

24

ADVENTSGESCHICHTEN
FÜR DEN MANN

URSULA OTT

Vorwort

Der Advent dauert 24 Tage. Man kann ihn nicht beschleunigen, man kann ihn nur verschönern. 24 Tage muss man warten. Männer können überhaupt nicht warten. Warum nur?

Wenn mein Vater einen Arzttermin hatte, setzte sich meine Mutter für ihn ins Wartezimmer. Notfalls stundenlang, es war noch nicht die Zeit von perfektem Praxismanagement. Es gehört zu meinen frühesten Kindheitserinnerungen: Wie wir Kinder mit meiner Mutter im Wartezimmer vom Internisten, vom Orthopäden oder vom Augenarzt saßen und stellvertretend für meinen Vater warteten. Wenn nur noch zwei Patienten vor uns waren, durfte ich raus aus dem Wartezimmer, eine Erlösung, und zur Telefonzelle, Papa anrufen. Der flog dann direkt auf den Behandlungsstuhl ein. Männerzeit, lernte ich früh, zählt doppelt, ach was, zehnfach.

Dabei können Kinder ja erst recht nicht warten. Je kleiner, desto ungeduldiger. Längst habe ich selber Kinder, und mein kleiner Sohn hat sich zum letzten Geburtstag Anakin's Podracer von „Star Wars" gewünscht, einen Bausatz von Lego mit gefühlten 3671 Teilen. Wir schickten die Bestellung im Internet ab, und Oskar saß von Stund an vor dem Bildschirm und verfolgte den Status der Bestellung. Wir haben Ihre Bestellung erhalten, wir haben Ihre Bestellung abgeschickt. Nach zwei Tagen überbrachte ich ihm am Telefon die erlösende Nachricht: Das Lego-Paket ist in meinem Büro angekommen. An diesem Tag fuhr ich besonders schnell mit dem Rad nach Hause, das große Lego-Paket auf dem Fahrradkorb. Leider so schnell, dass mich ein Polizist anhielt, ich hatte eine rote Ampel überfahren. „Mein Sohn wartet so furchtbar dringend auf dieses Lego-Raumschiff", flehte ich ihn an. Er verstand die Problematik. „Fahren Sie zu", sagte er, „ich kann auch so schlecht warten." Ein großer Junge. Meine Rettung.

Dabei geben Psychologen solchen Kindern, die nicht warten können, eine schlechte Sozialprognose. Der Psychologe Walter Mischel unternahm bereits in den 60er Jahren einen Versuch, der später als „Marshmallow-Test" in die Bücher einging und bis heute für Furore sorgt. Vierjährige Kinder wurden vor die Wahl gestellt: Ein Marshmallow jetzt sofort – oder 20 Minuten warten. Dann gab es zur Belohnung zwei Marshmallows. Mischel verfolgte die Kinder über Jahre hinweg, sogar bis ins Erwachsenenalter. Und die Ergebnisse waren umwerfend: Die Wartenkönner gehen durchweg besser durchs Leben. Selbstbewusster, stressresistenter, sie haben bessere Noten in der Schule. Klingt nicht gut für meinen kleinen Sohn. Vielleicht wird er ja Verkehrspolizist. Oder Anakin Skywalker.

Aber warten ist ja manchmal auch unerträglich. Warten heißt ja: hilflos sein, nichts tun können. Eine echte Zumutung. 24 Tage dauert es bis Weihnachten, und man kann sie nicht beschleunigen. Man kann noch nicht mal den Status im Internet verfolgen. Keine rote Ampel überfahren. Niemand anders dazu verdonnern, die Tage für einen abzusitzen im Wartezimmer des Monats Dezember. Es dauert jedes Jahr wieder 24 lange Tage.

24 Tage für Männer und für Frauen, logisch. Aber Frauen sind in allen Kulturen das Warten besser gewöhnt. Die Trauerzeit für Frauen dauerte im höfischen Frankreich genau ein Jahr – so lange sollten sie warten, bis sie wieder tanzen durften. Bei Männern dauerte sie nur vier Wochen. Auch nach einer Scheidung ist es heute in den westlichen Ländern so, dass Frauen sehr viel länger warten, bis sie sich neu binden. Und das größte Sozialexperiment des Wartens, der real existierende Sozialismus, war eine weitgehend weibliche Angelegenheit.

Geduldige Frauen standen Schlange für Orangen, Rindfleisch und Weichspüler. Jedoch gab es bei fast allen Warteschlangen im Ostblock irgendwann selbst ernannte Chefs, die Begünstigte an den Wartenden vorbei in die Läden schleusten. Die Chefs waren verhasst. Die Chefs waren immer Männer.

Sind Frauen aufs Warten programmiert, weil ihr Körper anders gar nicht funktioniert? Mädchen warten auf ihre Menstruation, Schwangere warten auf ihr Kind. Hebammen kennen die Problematik. Frauen warten. Einen Tag. Noch einen Tag. Männer machen dann oft was. Sie kaufen einen Family-Van. Sie streichen schon mal das Kinderzimmer an. Sie halten während der Geburt die Digitalkamera, damit sie etwas zu tun haben. Einfach nur warten, furchtbar.

Das fällt auch bei den Adventsgeschichten aus der Weltliteratur auf. Männer tun was, um die Zeit bis Weihnachten zu überbrücken. Sie organisieren den Weihnachtsbaum, sie stutzen und bearbeiten ihn. Sie organisieren in armen Familien unter widrigsten Umständen ein Weihnachtsgeschenk für die Kinder. Während Frauen sich an den zauberhaften Kristallen der Schneeflocken ergötzen können, nehmen Männer den Kampf auf mit der Urgewalt Schnee. Die tun was.

Für die Tage bis zum 24. Dezember haben wir 24 Geschichten ausgesucht. Männergeschichten. Für jeden Tag eine. Zum Vorlesen. Zum Ablenken. Zum Runterzählen bis Heiligabend. Dann ist Weihnachten umso schöner.

Ursula Ott

DEZEMBER

PETER STAMM

Elins Äpfel

Äpfel, Kartoffeln, Kürbise. Ich kam vom Mittagessen mit einem Kunden, als ich das Schild am Straßenrand sah. Dass es mir auffiel, hatte weniger mit dem Schreibfehler zu tun als damit, dass die weiße Kunststofftafel mitten im Industriegebiet stand. Ich hatte keine Eile und parkte den Wagen am Straßenrand.

Es war ein wunderbarer Herbstnachmittag, kalt, aber sonnig. Die Luft war ganz klar, von den Hügeln in der Ferne leuchtete das bunte Laub der Wälder. Unvermittelt musste ich an meine Kindheit denken, an die endlosen Tage, an denen ich bei der Apfelernte hatte helfen müssen, an den Geruch des Fallobsts und des modernden Laubs. In der Stadt hatten die Jahreszeiten kaum Gerüche, vielleicht hatte ich deshalb in den letzten Jahren immer öfter das Gefühl gehabt, die Zeit laufe mir davon.

Erst als ich über die Straße ging, sah ich zwischen zwei großen Lagerhallen die kleine, windschiefe Hütte stehen. Sie war notdürftig aus allen möglichen Brettern, Hartfaserplatten und anderen Materialien zusammengezimmert. Fenster gab es keine, nur ein paar Rahmen aus Dachlatten, die mit milchig trüber Plastikfolie bespannt waren. Wenige Hundert Meter über mir dröhnte ein startender Jet vorbei. Ich schaute ihm nach, bis er aus meinem Blickfeld verschwunden war.

Es war niemand zu sehen, aber aus einem Ofenrohr, das aus dem Wellblechdach ragte, stieg Rauch auf. Ich klopfte, wartete, klopfte noch einmal und öffnete schließlich die Tür. Der Raum war voller Dampf, am entfernten Ende stand eine junge Frau an einem alten Holzherd. Sie trug einen Kopfhörer und hantierte an einer großen Pfanne. Vermutlich hatte sie die Veränderung des Lichts bemerkt, jedenfalls drehte sie sich zu mir um und schaute mich erschrocken an. Erst als ich zu reden begann, zog sie den Kopfhörer aus. Für einen kurzen Moment hörte ich klassische Musik, ein großes Orchester, dann hatte sie den MP3-Player aus der Tasche gezogen und ausgeschaltet. „Der Fluglärm", sagte sie und zeigte mit dem Finger nach oben, von wo eben wieder ein startender Jet zu hören war.

Der Raum war fast leer. Neben dem eisernen Kochherd gab es eine Matratze, die auf alten Paletten lag. Daneben stand auf einer Holzkiste ein Kerzenständer. Der Tisch und die drei Stühle schienen aus dem Sperrmüll zu stammen. An der Decke brannte eine Petroleumlampe.

Die junge Frau schaute mich erwartungsvoll an, und ich fragte: „Sie verkaufen Äpfel?" – „Sie sind meine erste Kundin", sagte sie und lächelte, „kommen Sie mit." Sie ging voraus durch eine niedrige Tür neben dem Herd, die mit einem alten Jutesack verhängt war. Als ich ihr folgte, sah ich in der Pfanne ein halbes Dutzend Einmachgläser in brodelndem Wasser stehen. Wieder musste ich an meine Kindheit denken, daran, wie ich meiner Mutter im Herbst beim Einkochen geholfen hatte. Stundenlang hatten wir zusammen Birnen geschält und Schnitze gemacht und Zwetschgen entsteint.

Hinter dem Durchgang war ein zweiter, kleinerer Raum. Auf dem gestampften Erdboden standen Lattenkisten mit Äpfeln und Kartoffeln und Zwiebeln, an den Wänden entlang auf Regalen Hunderte von Einmachgläsern. „Ein seltsamer Ort, um Gemüse anzubauen", sagte ich. Die junge Frau drehte sich um und sagte mit finsterem Gesicht: „Vor fünfzig Jahren gab es hier nichts als Bauernland." – „Das müssen Sie mir nicht erzählen", sagte ich, „mein Vater war Bauer."

Ich las die Etiketten auf den Einmachgläsern. Neben verschiedenen Obstsorten gab es Rotkohl und Rote Bete in Essig, Pilze, Tomatensauce und sogar fertige Suppen. „Sie haben vorgesorgt", sagte ich, „damit stehen Sie den Winter durch." Sie stand vor einer der Apfelkisten und schaute auf die Früchte hinunter, als sähe sie sie zum ersten Mal. „Wie viele wollen Sie?"

Sie hatte keine Tüte, und so nahmen wir beide so viele Äpfel in die Hände, wie wir tragen konnten, und brachten sie hinaus zum Auto. Als ich in meiner Tasche nach dem Schlüssel fischte, fiel einer zu Boden und rollte davon. Wir legten die Früchte in den Kofferraum, dann hob die junge Frau den heruntergefallenen Apfel auf, wischte ihn sorgfältig mit dem Ärmel ihres Pullovers ab und reichte ihn mir. Ich fragte, was ich schuldig sei. Sie schaute mich an mit einem hilflosen Blick und sagte: „Ich heiße Elin." Sie streckte mir die Hand hin. „Daniela", sagte ich und folgte ihr zurück in die Hütte. Sie setzte sich auf einen der Stühle und sagte mit fragender Stimme: „Zehn Franken?" – „Das ist ein bisschen viel für ein Kilo Äpfel", sagte ich. „Fünf?" Sie sprang auf und schrie: „Ich brauche Ihr Geld nicht, lassen Sie mich doch in Ruhe!" Ich legte eine Zehnernote auf den Tisch und sagte: „Kürbisse schreibt man übrigens mit zwei ‚s'."

Ich hatte viel zu tun in der nächsten Zeit. Als ich vielleicht einen Monat später die Gemüseschublade des Kühlschranks öffnete, lagen dort immer noch Elins Äpfel, verschrumpelt und weich geworden. Ich hatte ein schlechtes Gewissen, sie in den Müll zu werfen.

Am Wochenende fuhr ich noch einmal hinaus ins Industriegebiet. Das Schild stand nicht mehr an der Straße, und ich brauchte eine Weile, um den Ort zu finden. Es war ein nebliger, kalter Tag, mein Atem dampfte und ich war froh, meine Daunenjacke angezogen zu haben. Wieder antwortete niemand auf mein Klopfen. Ich stieß die Tür auf und rief: „Hallo?" Es kam keine Antwort, und ich trat in den schummrigen Raum, in dem es kaum wärmer war als draußen. Am Tisch blieb ich stehen und schaute mich um. Ich erschrak, als ich im Gewühl von Decken und Kissen auf dem Bett Elins Kopf entdeckte. Sie schien tief zu schlafen. Ich weiß nicht, was in mich fuhr, aber ich setzte mich auf den Rand der Matratze und strich ihr mit der Hand über das Haar. Das Mädchen rührte sich nicht. Ihr Gesicht war starr und von einer wächsernen Bleichheit, hätte ich nicht ihren schwachen Atem gespürt, ich hätte geglaubt, sie sei tot.

Ich ging in den Vorratsraum und von dort durch eine zweite Tür nach draußen. Vor mir lag ein Garten, der von einer hohen Hecke aus wilden Rosen umgeben war. Am entfernten Ende standen drei Apfelbäume, deren Laub schon gelb war. Neben dem Komposthaufen blühten Malven und Winterastern. Die meisten Beete waren abgeerntet. Auf einem lag das faulige Kraut einer Zucchinipflanze, daneben ein paar dürre, umgeknickte Maishalme, und um hohe Stangen wanden sich schwarz gewordene Bohnenranken. An einem Holzgitter hing eine Pflanze, deren verdorrte Blätter dünn und weiß wie Papier geworden waren. Auf dem Boden darunter lag eine halb verfaulte Gurke. Vom hintersten Beet leuchteten drei große, orangefarbene Kürbisse. Über allem lag der Geruch von feuchter Erde und Verwesung.

Der Garten strahlte eine große Ruhe aus, und ich stand lange darin und dachte wieder an meine Kindheit, nicht so sehr an einzelne Erlebnisse als an die Zeitlosigkeit, die ich damals empfunden hatte, die Gefangenschaft in der Zeit, die zugleich Geborgenheit bedeutete und nach der ich mich manchmal sehnte in meinem atemlosen Leben. Alle paar Minuten startete über mir ein Flugzeug, aber nicht einmal der Lärm konnte die seltsam friedvolle Stimmung stören.

Elin lag immer noch im Bett und schlief, als ich zurück in die Hütte trat. Ich wollte ihr eine Nachricht hinterlassen, ein Zeichen, dass ich da gewesen sei und an sie gedacht habe, aber mir fiel nichts ein, was ich ihr hätte geben können. Schließlich holte ich zwei Hände voll Äpfel aus dem Vorratsraum, legte eine Zehnernote auf den Tisch und schrieb auf eine meiner Karten einen kurzen Gruß.

Ich musste viel an Elin denken in den folgenden Wochen. Besonders als das Wetter kälter geworden war und es tagelang regnete, sah ich sie vor mir in ihrer kleinen, ungeheizten

Hütte sitzen und langsam ihre Vorräte verzehren und auf den Frühling warten. Ich hörte das Prasseln des Regens auf dem Wellblechdach, das Donnern der startenden Jets und den Lärm der Lastwagen auf der nassen Straße. Und manchmal war es mir, als spürte ich die klamme Kälte der Hütte, und ich musste einen Pullover anziehen, obwohl es in unseren Büros eher zu warm als zu kalt war. Dann fragte mein Chef, ob ich krank sei, ich wirke erschöpft in letzter Zeit. „Du arbeitest zu viel", sagte er. „Das sagst ausgerechnet du mir", sagte ich und ging auf den Balkon, um eine Zigarette zu rauchen. Draußen fror ich noch mehr, und ich musste wieder an Elin denken, die mir vorkam wie der einsamste Mensch der Welt. Dabei hatte sie nicht unglücklich gewirkt, sondern sehr ruhig, als sei sie ganz mit sich und ihrer Umgebung in Einklang. Ich fragte mich, wie sie die Leere der langen Tage ausfüllte. Sie schien keine Bücher zu besitzen, keinen Fernseher, kein Telefon, nichts, was sie mit der Außenwelt verbunden hätte. Schon als Kind hatte ich die Sonntagnachmittage kaum ertragen. Noch heute fürchtete ich sie und nahm an den Wochenenden wenn immer möglich Arbeit mit nach Hause oder fuhr sogar ins Büro, um meiner stillen Wohnung zu entkommen.

Unsere Büros lagen in der Nähe des Rotlichtviertels, wo sich alle möglichen dubiosen Gestalten herumtrieben. Unten auf der Straße stritten sich zwei Männer, sie schrien sich an in einer unverständlichen Sprache. Kurz darauf hörte ich das Heulen einer Polizeisirene, das sich näherte, und ich ging wieder hinein und arbeitete weiter. Auf dem Nachhauseweg machte ich den kleinen Umweg und fuhr durch das Industriegebiet und an Elins Hütte vorbei. Ich fuhr nur im Schritttempo, aber ich sah weder Rauch noch Licht, nichts, was darauf hingedeutet hätte, dass sie da sei.

Von nun an fuhr ich jeden Abend bei Elin vorbei, aber nie war eine Spur von ihr zu sehen. Nach einem anstrengenden und frustrierenden Tag Anfang Februar parkte ich den Wagen auf der gegenüberliegenden Straßenseite und beobachtete die Hütte wohl eine Stunde lang. Am Morgen war etwas Schnee gefallen, der erste in diesem Winter. Auf der Straße war er längst geschmolzen, nur an den Rändern lagen noch die schmutzigen Haufen Matsch, die der Pflug zurückgelassen hatte. Aber auf dem Dach von Elins Hütte lag der Schnee weiß und unberührt, wie er gefallen war. Langsam wurde es dunkel, und plötzlich sah es aus, als leuchte er von innen heraus und verwandle diesen verlorenen Ort.

Ich dachte an mein Leben. Seit Ewigkeiten hatte ich keinen Tag mehr untätig verbracht. Ich hatte so viel gearbeitet in den letzten Jahren, dass es mir im Rückblick erschien, als hätte ich gar nicht gelebt, als hätte ich die ganze Zeit auf etwas gewartet, das nie kommen würde. Je länger ich nachdachte, desto reizvoller schien mir die Vorstellung, so wie Elin zu leben, die Zeit vergehen zu lassen, ohne Stress und ohne Ablenkung. Es war so einfach, ich musste lachen.

Wie konnte es sein, dass ich nicht früher darauf gekommen war. Ich stieg aus, rannte über die Straße und riss die Tür der Hütte auf, ohne zu klopfen. Niemand war da.

Ich weiß nicht, weshalb ich geblieben bin. Vielleicht habe ich zuerst wirklich auf Elin gewartet. Ich bin in den Garten gegangen, der vom diffusen Licht erleuchtet war, das hier überall ist, ohne dass man weiß, woher es kommt. Die Beete waren leer geräumt und lagen wie Gräber nebeneinander, von den Blumen war nur noch dürres Kraut übrig. Die mehrjährigen Stauden und Sträucher wurden vom schweren Schnee niedergedrückt, und ich schüttelte ihn sachte von den Ästen, damit sie nicht brächen. Immer wieder starteten Flugzeuge über mir. Die leuchtenden Kolosse waren von Wolken aus Dampf umgeben und hatten eine unwirkliche Schönheit. Ich ging in den Vorratsraum und zählte die Einmachgläser und rechnete im Kopf nach, wie lange man davon leben könnte. Dann ging ich in den anderen Raum, zündete die Petroleumlampe an und setzte mich an den Tisch. Ich hatte die Jacke im Auto gelassen, und mir war kalt. Kurz dachte ich daran, im Kochherd ein Feuer zu machen, aber ich kannte mich nicht aus mit Öfen und hatte Angst, etwas falsch zu machen und womöglich die Hütte in Brand zu stecken. Ich nahm eine der alten Armeewolldecken vom Bett und wickelte mich darin ein. Irgendwann legte ich mich hin. Als ich hungrig war, öffnete ich ein Einmachglas mit Apfelmus. Es schmeckte wunderbar, Elin musste etwas Zimt hineingetan haben. Dann legte ich mich wieder ins Bett und schlief trotz des Lärms der Flugzeuge bald ein.

Am Morgen wusch ich mich am Wasserhahn, den ich an der Außenwand der Halle nebenan entdeckt hatte. Zuhinterst im Garten fand ich in einem Bretterverschlag ein Plumpsklo. Der Geruch nach Urin und Kot war betäubend, aber der Ort war sauber, und es gab sogar Toilettenpapier. Zum Frühstück aß ich eingemachte Zwetschgen.

Es wurde hell, und ich dachte kurz daran, zu meinem Auto zu gehen, um meine Jacke und das Handy zu holen, aber es war mir unmöglich, es kam mir vor, als würde ich dadurch den Zauber dieses Ortes brechen und den ersten Schritt zurück in mein Leben machen. Also hängte ich mir wieder die Wolldecke um die Schultern und ging in den Garten und beobachtete die Vögel, die Körner aus den verdorrten Sonnenblumen pickten.

Ich frage mich, wie lange es dauern wird, bis sie mich hier finden. Wenn ich nicht ins Büro komme, wird mein Chef versuchen, mich anzurufen. Vielleicht wird er jemanden bei mir zu Hause vorbeischicken. Nach ein paar Tagen werden sie mich als vermisst melden, und es wird nicht lange dauern, bis die Polizei das Auto entdeckt. Sie werden die Umgebung absuchen, es ist nur eine Frage der Zeit, bis sie hier auftauchen. Aber das alles kümmert mich nicht. Ich bin ein freier Mensch, ich laufe nicht mehr davon. Ich warte.

Ich werde versuchen, ein Feuer zu machen im Ofen, um Suppe aufzuwärmen. Vielleicht kann ich die paar Stellen im Dach ausbessern, an denen das Wasser hereintropft. Wenn der Schnee ganz geschmolzen ist, werde ich im Garten arbeiten. Es gibt viel zu tun. In der Holzkiste neben dem Bett gibt es Saatgut und Steckzwiebeln, und die Kartoffeln im Vorratsraum haben lange Triebe gebildet.

Ich glaube nicht, dass Elin zurückkommen wird, aber das spielt keine Rolle. Sie war bestimmt nicht die Erste hier. Sie hat jemanden abgelöst, so wie ich sie und wie jemand mich ablösen wird. Die Hauptsache ist, dass dieser Ort nicht aufgegeben wird, dass jemand hier ist und sich um den Garten kümmert.

DEZEMBER

MARTIN SUTER

Eine Führungskrise

Strasser betritt das Unternehmen in der Regel durch die Tiefgarage und nimmt den Lift in den Zwölften. Deshalb sieht er den Christbaum erst am Nachmittag auf dem Weg zum großen Sitzungszimmer. Er durchquert den Empfang und memoriert dabei die Namen der Teilnehmerliste auf dem Sitzungsprotokoll. Erst als er am Kopfende des Sitzungstischs Platz genommen hat, kommt es ihm vor, als sei er soeben an einem Christbaum vorbeigegangen. Er steht wieder auf, geht vor die Tür und tatsächlich: ein Christbaum, mannshoch, Schwerpunktfarbe Silber. Er blickt sich um und begegnet dem Lächeln von Frau Thielmann, Empfang und Telefon. Er nickt ihr zu und geht zurück ins Sitzungszimmer.

Während des Meetings ist Strasser abgelenkt durch den Christbaum. Seit er dem Unternehmen vorsteht (und auch in der Zeit davor), hat im Empfang noch nie ein Christbaum gestanden. Er kann sich auch an keinen formellen oder informellen Beschluss erinnern, daran etwas zu ändern. Christbäume fallen zwar nicht in die Kompetenz des Topmanagements. Aber Christbäume im Empfangsbereich gehören zum Erscheinungsbild des Unternehmens, und somit zur Corporate Identity. Und diese ist Chefsache.

Die Tatsache, dass sich jemand in sein Revier gewagt hat, beschäftigt ihn während einer längeren Power-Point-Präsentation zu einem Thema, das er nicht mitbekommen hat. Ist der Baum eine Eigeninitiative von Frau Thielmann, Empfang und Telefon? Oder hat er es mit einem strategischen Vorstoß aus der Managementebene zu tun? Im ersteren Fall müsste er die Aktion mit Wohlwollen aufnehmen, denn Eigeninitiative gilt seit der Neufassung des Organisationshandbuchs vor vier Jahren bis zu einem gewissen Grad als erwünscht.

Im anderen Fall müsste er hart durchgreifen. Angriffe auf seine Kompetenzen aus dem Umfeld potentieller Nachfolger müssen im Keim erstickt werden. Er geht die Liste der möglichen Täter durch. Es kommen alle infrage.

Er hebt die Sitzung mit ein paar Schlussbemerkungen auf, die den Eindruck erwecken, er hätte mitbekommen, worum es ging. Im Büro befragt er seine Assistentin so beiläufig wie möglich über die Hintergründe der Christbaumsache. Zu seiner Erleichterung stellt sich heraus, dass die Initiative dazu von Frau Thielmann ausgegangen und von Beiträgen aus dem Mitarbeiterstab finanziert worden ist.

Beim Verlassen des Unternehmens geht er am Empfang vorbei und weist Frau Thielmann wohlwollend, aber bestimmt an, ein paar Kugeln umzuhängen, das Engelshaar zu reduzieren, da und dort etwas Lametta hinzuzufügen. –

Und die silberne Spitze gerader auszurichten.

3. DEZEMBER

HELGE SOBIK

Hoch oben beim Weihnachtsmann

Der abgelegene Flughafen der Lappland-Hauptstadt Rovaniemi hoch oben auf der Nordhalbkugel hat Jets aus aller Herren Länder gesehen. Die Piste ist lang genug für nahezu alle gängigen Flugzeugtypen – und sie ist von unten beheizt. 37 000 Einwohner zählt Rovaniemi, 470 000 Bände besitzt die städtische Leihbücherei, die Arbeitslosenquote liegt bei über fünfzehn Prozent, die Selbstmordrate der Region ist die höchste Finnlands, und ausgerechnet dieser Flughafen am Polarkreis ist der mit der zweithöchsten Passagierzahl des

Landes. An Letzterem ist der Weihnachtsmann alles andere als unschuldig.

In den Monaten Dezember und Januar nehmen etwa hundert Charterjets zusätzlich zu den Linienmaschinen Kurs auf die Runway in Lappland. An Bord: Weihnachtsmannbesucher. Tagesflüge zum Weihnachtsmann haben selbst bei einigen deutschen Anbietern Tradition. Und stellt sich der Veranstalter gut mit „Mr. Christmas", kommt der betagte Herr persönlich an der Flugzeugtür vorgefahren – oder mindestens sein Doppelgänger, während der echte rund fünf Kilometer vom Airport entfernt auf seinem mit rotem Samt bezogenen Sessel thront und in erwartungsvolle Kinderaugen lächelt.

Rund ums Jahr residiert er in seinem Santa Claus Office in Joulupukin Pajakylä, dem „Dorf des Weihnachtsmanns" bei Rovaniemi, und begrüßt dort Kinder jeden Alters. Kurz vor Heiligabend herrscht Hochbetrieb in seiner Heimat am Polarkreis. Sechs Stunden lang sitzt er da jeden Tag auf seinem Thron, schüttelt Hände im Dutzend, nimmt Kinder auf den Schoß, hat für jedes ein paar freundliche Worte parat, verschenkt Pfefferkuchen, hört sich Gedichte und Ständchen an, lobt jeden noch so verhängnisvoll gereimten Vers, klatscht freundlich Beifall und scherzt beizeiten sogar mit seinen Besuchern aus aller Welt. Dem Mann mit Pelzmütze und weißem Rauschebart, mit rotem Mantel und schweren gefütterten Stiefeln scheint der Hochbetrieb Spaß zu machen.

Hinter seiner silbernen Nickelbrille blitzen muntere blaue Augen. Damit es dem alten Herrn, der etwa 1,95 Meter groß und gute 150 Kilo schwer sein dürfte, nicht allzu warm wird, rattert neben seinem Thron am Kamin ein verzweifelter Plastikventilator im Dauereinsatz. Kerzenflammen wehren sich flackernd auf dem Kaminsims gegen den frischen Luftzug. Aus einem Kassettenrekorder schallt leise Weihnachtsmusik: Jingle Bells, O Tannenbaum, dazu Schellen- und Glöckchenklänge in Endlosschleife. Ein multinationales Programm. So abwechslungsreich wie zwei Modern-Talking-CDs. Und trotzdem stimmungsvoll. Die Umgebung ist schuld daran.

Kaum eine Gegend wäre als Heimat des Weihnachtsmanns glaubwürdiger, kaum irgendwo würde er besser hineinpassen. Und kaum irgendwo sonst würde es Kindern und selbst Erwachsenen leichter fallen, an den Weihnachtsmann zu glauben als hier im arktischen Norden Finnlands: tief verschneite Wälder und Straßen, rosarot-blauer Himmel, Schlitten auf schmalen Pfaden, Rentiere am Wegesrand, knackige Kälte. An den Weihnachtsmann adressierte Kinderpost aus aller Welt wird bereits seit den fünfziger Jahren an die Adresse Santa Claus, Joulupukin Pääposti in PIN-96930 Napapiiri geschickt, an das letzte Postamt diesseits des Polarsterns – über 250 000 Briefe jedes Jahr. Das Luftpostaufkommen auf Rovaniemi-Airport steigt im Dezember immens an. Fleißige Helfer beantworten Bittbriefe und Wunschzettel aus aller Welt, die der Chef anschließend per Kugelschreiber mit schwungvollem „Santa Claus"-Schriftzug signiert. Die meisten sind von Kindern – so wie der von Mareike, neun Jahre alt, aus Leipzig: „Heiligabend kommt bei uns der Weihnachtsmann an die Tür. Aber der ist immer falsch und nur verkleidet. Bitte komm dieses Jahr selbst. Danke. Deine Mareike." Rechtzeitig zum Fest werden die Antworten mit Sondermarke und -stempel auf den Weg gebracht.

Weil immer mehr Menschen den alten Herrn mit Rauschebart persönlich erleben und sich so selbst einen Traum erfüllen wollten, blieb es nicht beim bloßen Briefebeantworten. Santa Claus selbst hält seit bald zwei Jahrzehnten feste Sprechzeiten ein und lässt sich bereitwillig mit seinen Besuchern, umgeben von einem Berg aus bunt verpackten, übereinandergestapelten leeren Kartons, unterm Tannenbaum fotografieren. Wer keine eigene Kamera hat, kann das Erinnerungsfoto von einem der Weihnachtsmanngehilfen schießen lassen – für rund acht Euro. Wer es sich auf ein T-Shirt reproduzieren lassen will, zahlt zwanzig Euro Aufpreis und muss ein paar Minuten warten.

Schüchterne Kinder tasten sich langsam nach vorn, bis er ihnen Mut macht, sich auf seinen Schoß zu setzen. Freche Teens übergeben resolut ihre Wunschzettel – oft mit ausgeschnittenen und aufgeklebten Bildern aus Versandhauskatalogen. Am häufigsten dabei: Computerspiele, Puppen, Autorennbahnen. Ponys sind nur deshalb seltener, weil sie nicht in Versandhauskatalogen zu finden sind. Auf den gezeichneten Weihnachtswunschzetteln von Mädchen sind sie es, die eine Spitzenposition einnehmen.

Eine Truppe kichernder alter Damen stürmt nach vorn und sammelt sich zum Gruppenbild. Brillen und Pelzmützen verrutschen vor Aufregung. Familien aus Estland sagen nicht ohne Ehrfurcht vor Santa Claus Gedichte auf, Finnen singen Lieder, Japaner knien kurz andächtig vor ihm nieder, springen anschließend wieder aufgeregt durcheinander. Eine etwa dreißigjährige Russin weint. Immer habe sie fest geglaubt, es gäbe den Weihnachtsmann. Jetzt endlich dürfe sie reisen und ihm persönlich begegnen. Und endlich könne sie ihren skeptischen Mann widerlegen, denn der hatte behauptet, das mit dem Weihnachtsmann sei alles Quatsch, sei Kinderkram und stimme sowieso nicht.

Dem Rauschebartriesen macht der Trubel sichtlich Spaß. Keine Spur von Ermüdungserscheinungen – auch nicht knapp vor Heiligabend. „Weihnachtsmann, wie viele Sprachen sprichst du?", fragt ein Kind. „Am Heiligen Abend alle Sprachen der Welt", antwortet er und zwinkert herüber.

DEZEMBER

ANONYM

Eine Wintergeschichte

8. Dezember, 18.00 Uhr

Es hat angefangen zu schneien. Der erste Schnee in diesem Jahr. Meine Frau und ich haben unsere Cocktails genommen und stundenlang am Fenster gesessen und zugesehen, wie riesige weiße Flocken vom Himmel herunterschweben. Es sah aus wie im Märchen. So romantisch – wir fühlten uns wie frisch verheiratet. Ich liebe Schnee.

9. Dezember

Als wir wach wurden, hatte eine riesige, wunderschöne Decke aus weißem Schnee jeden Zentimeter der Landschaft zugedeckt. Was für ein fantastischer Anblick! Kann es einen schöneren Platz auf der Welt geben? Hierherzuziehen war die beste Idee, die ich je in meinem Leben hatte. Habe zum ersten Mal seit Jahren wieder Schnee geschaufelt und fühlte mich wieder wie ein kleiner Junge. Habe die Einfahrt und den Bürgersteig freigeschaufelt. Heute Nachmittag kam der Schneepflug vorbei und hat den Bürgersteig und die Einfahrt wieder zugeschoben, also holte ich die Schaufel wieder raus. Was für ein tolles Leben!

12. Dezember

Die Sonne hat unseren ganzen schönen Schnee geschmolzen. Was für eine Enttäuschung. Mein Nachbar sagt, dass ich mir keine Sorgen machen soll, wir werden definitiv eine weiße Weihnacht haben. Kein Schnee zu Weihnachten wäre schrecklich! Bob sagt, dass wir bis zum Jahresende so viel Schnee haben werden, dass ich nie wieder Schnee sehen will. Ich glaube nicht, dass das möglich ist. Bob ist sehr nett – ich bin froh, dass er unser Nachbar ist.

14. Dezember

Schnee, wundervoller Schnee! 30 Zentimeter letzte Nacht. Die Temperatur ist auf −20 Grad gesunken. Die Kälte lässt alles glitzern. Der Wind nahm mir den Atem, aber ich habe mich beim Schaufeln aufgewärmt. Das ist das Leben! Der Schneepflug kam heute Nachmittag zurück und hat wieder alles zugeschoben. Mir war nicht klar, dass ich so viel würde schaufeln müssen, aber so komme ich wieder in Form. Wünschte, ich würde nicht so pusten und schnaufen.

15. Dezember

60 Zentimeter Vorhersage. Habe meinen Kombi verscheuert und einen Jeep gekauft. Und Winterreifen für das Auto meiner Frau und zwei Extraschaufeln. Habe den Kühlschrank aufgefüllt. Meine Frau will einen Holzofen, falls der Strom ausfällt. Das ist lächerlich – schließlich sind wir nicht in Alaska.

16. Dezember

Eissturm heute Morgen. Bin in der Einfahrt auf den Arsch gefallen, als ich Salz streuen wollte. Tut höllisch weh. Meine Frau hat eine Stunde gelacht. Das finde ich ziemlich grausam.

17. Dezember

Immer noch weit unter null! Die Straßen sind zu vereist, um irgendwohinzukommen. Der Strom war 5 Stunden weg. Musste mich in Decken wickeln, um nicht zu erfrieren. Kein Fernseher. Nichts zu tun, als meine Frau anzustarren und zu versuchen, sie zu irritieren. Glaube, wir hätten einen Holzofen kaufen sollen, würde das aber nie zugeben. Ich hasse es, wenn sie recht hat! Ich hasse es, in meinem eigenen Wohnzimmer zu erfrieren!

20. Dezember

Der Strom ist wieder da, aber noch mal 40 Zentimeter von dem verdammten Zeug letzte Nacht! Noch mehr schaufeln. Hat den ganzen Tag gedauert. Der beschissene Schneepflug kam zweimal vorbei. Habe versucht, eines der Nachbarskinder zum Schaufeln zu überreden. Aber die sagen, sie hätten keine Zeit, weil sie Hockey spielen müssen. Ich glaube, dass die lügen. Wollte eine Schneefräse im Baumarkt kaufen. Die hatten keine mehr. Kriegen erst im März wieder welche rein. Ich glaube, dass die lügen. Bob sagt, dass ich schaufeln muss, oder die Stadt macht es und schickt mir die Rechnung. Ich glaube, dass er lügt.

22. Dezember

Bob hatte recht mit weißer Weihnacht, weil heute Nacht noch mal 30 Zentimeter von dem weißen Zeug gefallen sind, und es ist so kalt, dass es bis August nicht schmelzen wird. Es hat 45 Minuten gedauert, bis ich fertig angezogen war zum Schaufeln, und dann musste ich pinkeln. Als ich mich schließlich ausgezogen, gepinkelt und wieder angezogen hatte, war ich zu müde zum Schaufeln. Habe versucht, für den Rest des Winters Bob anzuheuern, der eine Schneefräse an seinem Lastwagen hat, aber er sagt, dass er zu viel zu tun hat. Ich glaube, dass er lügt.

24. Dezember

20 Zentimeter. Der Schnee ist vom Schneepflug so fest zusammengeschoben, dass ich die Schaufel abgebrochen habe. Dachte, ich kriege einen Herzanfall. Falls ich jemals den Mistkerl kriege, der den Schneepflug fährt, schleife ich ihn an seinen Haaren durch den Schnee. Ich weiß genau, dass er sich hinter

der Ecke versteckt und wartet, bis ich mit dem Schaufeln fertig bin. Und dann kommt er mit 150 km/h die Straße runtergerast und wirft tonnenweise Schnee auf die Stelle, wo ich gerade war. Heute Nacht wollte meine Frau mit mir Weihnachtslieder singen und Geschenke auspacken, aber ich hatte keine Zeit. Musste nach dem Schneepflug Ausschau halten.

25. Dezember

Frohe Weihnachten. 60 Zentimeter mehr von der ✷ ☻ ✦ ☃ ✶. Eingeschneit. Der Gedanke an Schnee schaufeln lässt mein Blut kochen. Gott, ich hasse Schnee! Dann kam der Schneepflugfahrer vorbei und hat nach einer Spende gefragt. Ich hab ihm meine Schaufel über den Kopf gezogen. Meine Frau sagt, dass ich schlechte Manieren habe. Ich glaube, dass sie eine Idiotin ist. Wenn ich noch einmal Wolfgang Petry anhören muss, werde ich sie umbringen.

26. Dezember

Immer noch eingeschneit. Warum um alles in der Welt sind wir hierhergezogen? Es war alles IHRE Idee. Sie geht mir auf die Nerven.

27. Dezember

Die Temperatur ist auf −30 Grad gefallen und die Wasserrohre sind eingefroren.

28. Dezember

Es hat sich auf −5 Grad erwärmt. Immer noch eingeschneit. DIE ALTE MACHT MICH VERRÜCKT!!!!

29. Dezember

Noch mal 30 Zentimeter. Bob sagt, dass ich das Dach freischaufeln muss, oder es wird einstürzen. Das ist das Dämlichste, was ich je gehört habe. Für wie blöd hält der mich eigentlich?

30. Dezember

Das Dach ist eingestürzt. Der Schneepflugfahrer hat mich auf 25 000 € Schmerzensgeld verklagt. Meine Frau ist zu ihrer Mutter gefahren. 25 Zentimeter vorhergesagt.

31. Dezember

Habe den Rest vom Haus angesteckt. Nie mehr schaufeln.

8. Januar

Mir geht es gut. Ich mag die kleinen Pillen, die sie mir dauernd geben. Warum bin ich an das Bett gefesselt?

ERICH KÄSTNER

Der Weihnachtsabend des Kellners

Aller Welt dreht er den Rücken,
und sein Blick geht zu Protest.
Und dann murmelt er beim Bücken:
„Ach, du liebes Weihnachtsfest!"

Im Lokal sind nur zwei Kunden.
(Fröhlich sehn die auch nicht aus.)
Und der Kellner zählt die Stunden.
Doch er darf noch nicht nach Haus.

DEZEMBER

Denn vielleicht kommt doch noch einer,
welcher keinen Christbaum hat
und allein ist wie sonst keiner
in der feierlichen Stadt. –

Dann schon lieber Kellner bleiben
und zur Nacht nach Hause gehn,
als jetzt durch die Straßen treiben
und vor fremden Fenstern stehn!

ERICH KÄSTNER
Der Weihnachtsabend des Kellners

6. DEZEMBER

KURT SCHWITTERS
Nikolaus

Es ist Nikolaustag. Ein trüber, regnerischer Tag, wie in unserer Zone das Wetter vor Weihnachten immer ist. Dann verschläft man einfach die Zeit. Ausgerechnet mußte ich früh wohin, und so ging's Kartoffel, Kartoffel in die Hose, in die Stiefel, sobald ich erwacht war. Ich hatte gerade viel vor und mußte weit über Land. Und was mein rechter Stiefel war, der wollte partout nicht angehen. Da packte mich die Wut, ich zog ihn mit einem Ruck an, ob dabei mein Fuß sich verbog oder nicht, einerlei. Donnerwetter, mußte ich hinken. Nun war doch so feuchtes Wetter, und ich denke, der Regen hat den Stiefel wahrscheinlich stramm gezogen, der ist nun mal nicht größer.

Ich gehe also über Land. Der rechte Stiefel klemmte mich bald rund um den Fuß, wie ein Band. Ich wollte pfeifen, aber danach war der Stiefel nicht eingerichtet. Gut, daß heute Nikolaus ist, denke ich, denn solch ein Gedanke ergeht einem. Den ganzen Tag ist Nikolaus. Die Kinder freuen sich auf Nikolaus, stellen ihre Stiefel vor die Tür, und dann legt ihnen der am Tag da was rein. Das ist nun mal so. Ach, wie goldig ist doch die Kinderzeit. Wenn nur der rechte Stiefel nicht so drücken wollte. Abscheulich. Wenn ich ein Kind gewesen wäre, hätte mir Nikolaus sicherlich meinen Stiefel aufgeweitet, als Dank dafür, daß das heute sein Tag ist, aber Erwachsenen tut er dieses nicht. Höchstens, daß die ihm die Sachen bezahlen müssen, die er den Kindern bringt. Und so ging's den ganzen Tag, abwechselnd: »Wie schön ist solch ein Nikolaustag« und: „Die verfluchten Stiefel!"

Abends kam ich ganz erschöpft nach Hause. Ich sage zu meiner Frau: „Dorthe, ich glaube, ich, habe, ich muss wohl sehr geschwollene Füße haben, wenn das nur nicht krankhaft ist. Aber beruhige dich, denn es ist heute Nikolaus." „Ach du armes Männchen", sagt da meine Frau, „da setz' dich nur schön in den Lehnstuhl und ziehe deine warmen und weichen, bequemen Puschen an. Und wie hat dir denn heute morgen die Marzipankartoffel geschmeckt?" – „Welche Marzipankartoffel denn?" – „Nun, die der Nikolaus in den rechten Schuh gelegt hat?" – „Was?", schrie ich auf, „der hat mir eine Marzipankartoffel in den Schuh gelegt?" – „Nun, hast du sie denn nicht gefunden?" –

Da wurde mir alles klar, ich hatte einen ganzen Tag auf der Kartoffel gelaufen.

Ich den Schuh aus, und da hatte sich die Kartoffel wie ein Pfannkuchen breitgetreten. Es ist doch nichts wert, wenn Nikolaus die Erwachsenen auch noch wie Kinder behandelt. Und dabei hat meine Frau die Kartoffel beim Nikolaus noch für teures Geld kaufen müssen.

7. DEZEMBER

HANS-JÜRGEN HEISE

Der zu spät erfüllte Wunsch

„Einen Bogen", sagte der Junge. „Weiter nichts."

Sein Vater, der ihn gefragt hatte, was er zu Weihnachten haben wolle, sah ihn einen Augenblick lang verdutzt an, dann lachte er: „Einen Bogen? Aber ihr habt euch doch selber prächtige Bogen geschnitzt – aus Weidenholz."

Der Junge schüttelte den Kopf. „Ich meine einen richtigen. Wie ihn die Indianer haben."

„So einen", sagte der Vater, „gibt es doch nicht."

Der Junge blickte starr vor sich hin. „Bei Uschkureit", sagte er. Uschkureit war das Spielwarengeschäft um die Ecke, er hatte da im Schaufenster einen Bogen aus Esche gesehen, ein herrlich gebeiztes Ding mit einem Köcher voll schlanker Pfeile. Der Köcher allein schon war etwas Wunderbares. Er hatte eine Schnur zum Umhängen und war aus rotem Leder. Sogar ein Totem war darauf gemalt: Tomahawk und Friedenspfeife, übereinandergekreuzt.

„Einen Flitzbogen?" Es war die Mutter, die jetzt sprach. „Ach was! Damit stellt er sowieso bloß Dummheiten an. Ich bin dafür, daß er etwas Praktisches bekommt."

Der Junge sagte jetzt nichts mehr. Doch am nächsten Tag holte er seinen Vater vom Büro ab und zeigte ihm den Bogen: „Sieh mal, ist er nicht schön? Ein richtiger Comanchen-Bogen! Ich als Häuptling muß so einen haben."

„Hm", sagte der Vater. „Wir müssen jetzt gehen. Mama heizt uns sonst ein, wenn wir das Essen wieder kalt werden lassen."

Abends im Bett sagte der Mann zu seiner Frau: „Erika, wollen wir ihm nicht doch den Bogen kaufen? Er möchte ihn so gern haben und –"

„Gib dir keine Mühe. Uns wurde früher auch nicht jeder Wunsch erfüllt. Er kriegt ihn nicht; und überhaupt war es falsch, ihn nach seinen Wünschen zu fragen. Ein Kind in seinem Alter hat gar nichts zu wollen. Es hat sich über das zu freuen, was es bekommt."

In der Nacht vor Heiligabend machte der Junge kein Auge zu. Er sah sich vor die Krieger seines Stammes treten, den Bogen in der Hand und den Köcher über der Schulter, „Comanchen", sagte er. „Tapferste aller Krieger. Ich komme gerade von einem Zug gegen die Kiowa zurück. Und wißt ihr, wen ich skalpiert habe? Niemand anders als Springender Hirsch. Er saß unter einem Hickorybaum, dort, wo das blaue Wasser aus den Felsen springt. Sieben Krieger seines Stammes hockten bei ihm. Ich hatte von weitem das Feuer gesehen und ahnte gleich, daß es ein Kiowa-Feuer war. Ha! War das ein Anblick. Acht der erbärmlichsten Cojoten der Prärie! Ich hatte zwar keine Waffen bei mir, nur meine Büchse, ohne Pulver. Aber das war doch zuviel. Ich knirschte mit den Zähnen und schlich mich an. Comanchen! Ihr könnt mir glauben! Drei von ihnen sind in die Ewigen Jagdgründe abgereist, die anderen flohen in die Nacht."

Und nun zeigte er ihnen, als Beweis für seine Tat, den berühmten Bogen von Springender Hirsch, den er erbeutet hatte.

Am nächsten Abend, unterm Weihnachtsbaum, sagte der Junge sein Gedicht auf.

Noch war der Tisch mit einem Tuch bedeckt; da nahm der Vater es auch schon weg. Doch was war das? Eine Eisenbahn, ein Mantel, ein bunter Teller. Und ein Paar Rollschuhe.

Der Bogen war nicht da.

„Nun?" sagte die Mutter, „willst du dich nicht bedanken?"

Der Junge drehte sich um. „Ich wollte doch" – Tränen stiegen ihm in die Augen.

Plötzlich lief er hinaus ins Badezimmer und riegelte sich ein. Vergeblich klopfte der Vater an die Tür; der Junge öffnete nicht.

Die Mutter war kreidebleich. „Siehst du", sagte sie. „Das ist deine Erziehung. Ein schöner Heiligabend."

Der Mann gab ihr keine Antwort. Er lockte den Jungen: „Jörg, komm raus. Du kriegst auch den Bogen. Ich kaufe ihn dir gleich nach dem Fest."

Und wirklich, Jörg bekam den Bogen. Doch er trug ihn runter in den Keller und lehnte ihn gegen die Kartoffelkiste. Dort entdeckte ihn eines Tages der Vater, mitten im Sommer… in der besten Zeit für die Kriegszüge der Comanchen.

„Dein Eschebogen. Warum benutzt du ihn nicht?"

„Ich will ihn noch schonen."

Der Junge machte sich an der Mausefalle zu schaffen, die schon seit Jahren nicht mehr funktionierte, und stellte sie in eine andere Ecke, in ein Spinnennetz.

Er vermied es, den Vater anzusehen, und schielte zur Kartoffelkiste hinüber.

Der Bogen. Gewiß, er hatte ihn bekommen. Aber er hatte ihn zu spät bekommen.

Fast alles, erfuhr er in den folgenden Jahren, bekommt man zu spät.

DEZEMBER

KURT TUCHOLSKY

Himmlische Nothilfe

„Wat denn? Wat denn? *Zwei* Weihnachtsmänner?"

„Machen Sie hier nich so nen Krach, Siiie! Is hier vier Tage im Himmel, als Hilfsengel – und riskiert hier schon ne Lippe."

„Verzeihen Sie, Herr Oberengel. Aber man wird doch noch fragen dürfen?"

„Dann fragen Sie leise. Sie sehn doch, dass die beiden Herren zu tun haben. Sie packen."

„Ja, das sehe ich. Aber wenn Herr Oberengel gütigst verzeihen wollen: Wieso zwei? Wir hatten auf Schule jelernt: Et jibt einen Weihnachtsmann und fertig."

„Einen Weihnachtsmann und fertig...! Einen Weihnachtsmann und fertig...! Diese Berliner! So ist das hier nicht! Das sind ambivalente Weihnachtsmänner!"

„Büttaschön?"

„Ambi... ach so, Fremdwörter verstehen Sie nicht. Ich wer Sie mal für vierzehn Tage rüber in den Soziologenhimmel versetzen – halt, oder noch besser, zu den Kunsthistorikern... Da wern Sie schon... Ja, dies sind also... diese Weihnachtsmänner – das hat der liebe Gott in diesem Jahr frisch eingerichtet. Sie ergänzen sich, sie heben sich gegenseitig auf..."

„Wat hehm die sich jejenseitich auf? Die Pakete?"

„Wissen Sie...da sagen die Leute immer, ihr Berliner wärt so furchtbar schlau – aber Ihre Frau Mama ist zwecks Ihrer Geburt mit Ihnen wohl in die Vororte gefahren...! Die Weihnachtsmänner sind doppelseitig – das wird er wieder nicht richtig verstehen – die Weihnachtsmänner sind polare Gegensätze."

„Aha. Wejen die Kälte."

„Himmel... wo ist denn der Fluch-Napf...! Also, ich werde Ihnen das erklären! Jetzt passen Sie gut auf: Die Leute beten doch allerhand und wünschen sich zu Weihnachten so allerhand. Daraufhin hat der liebe Gott mit uns Engeln sowie auch mit den zuständigen Heiligen beraten: Wenn man das den Leuten alles erfüllt, dann gibt es ein Malheur. Immer. Denn was wünschen sie sich? Sie wünschen sich grade in der letzten Zeit so verd... so vorwiegend radikale Sachen.

Einer will das Hakenkreuz. Einer will Diktatur. Einer will Diktatur mit'm kleinen Schuss; einer will Demokratie mit Schlafsofa; eine will einen Hausfreund; eine will eine häusliche Freundin... ein Reich will noch mehr Grenzen; ein Land will überhaupt keine Grenzen mehr; ein Kontinent will alle Kriegsschulden bezahlen, einer will..."

„Ich weiß schon. Ich jehöre zu den andern."

„Unterbrechen Sie nicht. Kurz und gut: Das kann man so nicht erfüllen. Erfüllt man aber nicht..."

„Ich weiß schon. Dann besetzen sie die Ruhr."

„Sie sollen mich nicht immer unterbrechen! Erfüllen wir nicht – also: erfüllt der liebe Gott nicht, dann sind die Leute auch nicht zufrieden und kündigen das Abonnement. Was tun?"

„Eine Konferenz einberufen. Ein Exposé schreiben. Mal telefonieren. Den Sozius..."

„Wir sind hier nicht in Berlin, Herrr! Wir sind im Himmel. Und eben wegen dieser dargestellten Umstände haben wir jetzt zwei Weihnachtsmänner!"

„Und... was machen die?"

„Weihnachtsmann A erfüllt den Wunsch. Weihnachtsmann B bringt das Gegenteil. Zum Exempel:

Onkel Baldrian wünscht sich zu Weihnachten gute Gesundheit. Wird geliefert. Damit die Ärzte aber nicht verhungern, passen wir gut auf; Professor Dr. Speculus will auch leben. Also kriegt er seinen Wunsch erfüllt, und der reiche

Onkel Baldrian ist jetzt mächtig gesund, hat eine eingebildete Krankheit und zahlt den Professor. Oder:

Die Nazis wünschen sich einen großen Führer. Kriegen sie: ein Hitlerbild. Der Gegenteilweihnachtsmann bringt dann das Gegenteil: Hitler selber.

Herr Merkantini möchte sich reich verheiraten. Bewilligt. Damit aber die Gefühle nicht rosten, bringt ihm der andere Weihnachtsmann eine prima Freundin. Oder: Weihnachtsmann A bringt dem deutschen Volke den gesunden Menschenverstand – Weihnachtsmann B die Presse. Weihnachtsmann A gab Italien die schöne Natur – Weihnachtsmann B: Mussolini. Ein Dichter wünscht sich gute Kritiken: Kriegt er. Dafür kauft kein Aas sein Buch mehr. Die deutsche Regierung wünscht Sparmaßnahmen – schicken wir. Der andere Weihnachtsmann bringt dann einen kleinen Panzerkreuzer mit.

Seh'n Sie – auf diese Weise kriegt jeder sein Teil. Haben Sie das nun verstanden?"

„Allemal. Da möchte ich denn auch einen kleinen Wunsch äußern. Ich möchte gern im Himmel bleiben und alle Nachmittag von 4 bis 6 in der Hölle Bridge spielen."

„Tragen Sie sich in das Wunschbuch der Herren ein. Aber stören Sie sie nicht beim Packen – die Sache eilt."

„Und…verzeihen Sie…wie machen Sie das mit der Börse – ?"

„So viel Weihnachtsmänner gibt es nicht, Herr – so viel Weihnachtsmänner gibt's gar nicht –!"

9.
DEZEMBER

BERTOLT BRECHT

Das Paket des lieben Gottes

Nehmt eure Stühle und eure Teegläser mit hier hinter an den Ofen und vergeßt den Rum nicht. Es ist gut, es warm zu haben, wenn man von der Kälte erzählt.

Manche Leute, vor allem eine gewisse Sorte Männer, die etwas gegen Sentimentalität hat, haben eine starke Aversion gegen Weihnachten. Aber zumindest ein Weihnachten in meinem Leben ist bei mir wirklich in bester Erinnerung. Das war der Weihnachtsabend 1908 in Chicago. Ich war Anfang November nach Chicago gekommen, und man sagte mir sofort, als ich mich nach der allgemeinen Lage erkundigte, es würde der härteste Winter werden, den diese ohnehin genügend unangenehme Stadt zustande bringen könnte. Als ich fragte, wie es mit den Chancen für einen Kesselschmied stünde, sagte man mir, Kesselschmiede hätten keine Chancen, und als ich eine halbwegs mögliche Schlafstelle suchte, war alles zu teuer für mich. Und das erfuhren in diesem Winter 1908 viele in Chicago, aus allen Berufen.

Und der Wind wehte scheußlich vom Michigansee herüber durch den ganzen Dezember, und gegen Ende des Monats schlossen auch noch eine Reihe großer Fleischpackereien ihren Betrieb und warfen eine ganze Flut von Arbeitslosen auf die kalten Straßen.

Wir trabten die ganzen Tage durch sämtliche Stadtviertel und suchten verzweifelt nach etwas Arbeit und waren froh, wenn wir am Abend in einem winzigen, mit erschöpften Leuten angefüllten Lokale im Schlachthofviertel unterkommen konnten. Dort hatten wir es wenigstens warm und konnten ruhig sitzen. Und wir saßen, solange es irgend ging mit einem Glas Whisky, und wir sparten alles den Tag über auf für dieses eine Glas Whisky, in das noch Wärme, Lärm und Kameraden mit einbegriffen waren, all das, was es an Hoffnung für uns noch gab.

Dort saßen wir auch am Weihnachtsabend dieses Jahres, und das Lokal war noch überfüllter als gewöhnlich und der Whisky noch wäßriger und das Publikum noch verzweifelter. Es ist einleuchtend, daß weder das Publikum noch der Wirt in Feststimmung geraten, wenn das ganze Problem der Gäste darin besteht, mit einem Glas eine ganze Nacht auszureichen, und das ganze Problem des Wirtes, diejenigen hinauszubringen, die leere Gläser vor sich stehen hatten.

Aber gegen zehn Uhr kamen zwei, drei Burschen herein, die, der Teufel mochte wissen woher, ein paar Dollars in der Tasche hatten, und die luden, weil es doch eben Weihnachten war und Sentimentalität in der Luft lag, das ganze Publikum ein, ein paar Extragläser zu leeren. Fünf Minuten darauf war das ganze Lokal nicht wiederzuerkennen. Alle holten sich frischen Whisky (und paßten nun ungeheuer genau darauf auf, daß ganz korrekt eingeschenkt wurde), die Tische wurden zusammengerückt, und ein verfroren aussehendes Mädchen wurde gebeten, einen Cakewalk zu tanzen, wobei sämtliche Festteilnehmer mit den Händen den Takt klatschten. Aber was soll ich sagen, der Teufel mochte seine schwarze Hand im Spiel haben, es kam keine rechte Stimmung auf.

Ja, geradezu von Anfang an nahm die Veranstaltung einen direkt bösartigen Charakter an. Ich denke, es war der Zwang, sich beschenken lassen zu müssen, der alle so aufreizte. Die Spender dieser Weihnachtsstimmung wurden nicht mit freundlichen Augen betrachtet. Schon nach den ersten Gläsern des gestifteten Whiskys wurde der Plan gefasst, eine regelrechte Weihnachtsbescherung, sozusagen ein Unternehmen größeren Stils, vorzunehmen.

Da ein Überfluß an Geschenkartikeln nicht vorhanden war, wollte man sich weniger an direkt wertvolle und mehr an solche Geschenke halten, die für die zu Beschenkenden passend waren und vielleicht sogar einen tieferen Sinn hatten.

So schenkten wir dem Wirt einen Kübel mit schmutzigem Schneewasser von draußen, wo es davon gerade genug gab, damit er mit seinem alten Whisky noch ins neue Jahr hinein ausreichte. Dem Kellner schenkten wir eine alte, erbrochene Konservenbüchse, damit er wenigstens ein anständiges Servicestück hätte, und einem zum Lokal gehörigen Mädchen ein schartiges Taschenmesser, damit sie wenigstens die Schicht Puder vom vergangenen Jahr abkratzen könnte.

Alle diese Geschenke wurden von den Anwesenden, vielleicht nur die Beschenkten ausgenommen, mit herausforderndem Beifall bedacht. Und dann kam der Hauptspaß.

Es war nämlich unter uns ein Mann, der mußte einen schwachen Punkt haben. Er saß jeden Abend da, und Leute, die sich auf dergleichen verstanden, glaubten mit Sicherheit behaupten zu können, daß er, so gleichgültig er sich auch geben mochte, eine gewisse, unüberwindliche Scheu vor allem, was mit der Polizei zusammenhing, haben musste. Aber jeder Mensch konnte sehen, daß er in keiner guten Haut steckte.

Für diesen Mann dachten wir uns etwas ganz Besonderes aus. Aus einem alten Adreßbuch rissen wir mit Erlaubnis des

Wirtes drei Seiten aus, auf denen lauter Polizeiwachen standen, schlugen sie sorgfältig in eine Zeitung und überreichten das Paket unserm Mann.

Es trat eine große Stille ein, als wir es überreichten. Der Mann nahm das Paket zögernd in die Hand und sah uns mit einem etwas kalkigen Lächeln von unten herauf an. Ich merkte, wie er mit den Fingern das Paket anfühlte, um schon vor dem Öffnen festzustellen, was darin sein könnte. Aber dann machte er es rasch auf.

Und nun geschah etwas sehr Merkwürdiges. Der Mann nestelte eben an der Schnur, mit der das „Geschenk" verschnürt war, als sein Blick, scheinbar abwesend, auf das Zeitungsblatt fiel, in das die interessanten Adreßbuchblätter geschlagen waren. Aber da war sein Blick schon nicht mehr abwesend. Sein ganzer dünner Körper (er war sehr lang) krümmte sich sozusagen um das Zeitungsblatt zusammen, er bückte sein Gesicht tief darauf herunter und las. Niemals, weder vor- noch nachher, habe ich je einen Menschen so lesen sehen. Er verschlang das, was er las, einfach. Und dann schaute er auf. Und wieder habe ich niemals, weder vor- noch nachher, einen so strahlend schauen sehen wie diesen Mann,

„Da lese ich eben in der Zeitung", sagte er mit einer verrosteten, mühsam ruhigen Stimme, die in lächerlichem Gegensatz zu seinem strahlenden Gesicht stand, „daß die ganze Sache einfach schon lang aufgeklärt ist. Jedermann in Ohio weiß, daß ich mit der ganzen Sache nicht das geringste zu tun hatte." Und dann lachte er.

Und wir alle, die erstaunt dabeistanden und etwas ganz anderes erwartet hatten und fast nur begriffen, daß der Mann unter irgendeiner Beschuldigung gestanden und inzwischen, wie er eben aus diesem Zeitungsblatt erfahren hatte, rehabilitiert worden war, fingen plötzlich an, aus vollem Halse und fast aus dem Herzen mitzulachen, und dadurch kam ein großer Schwung in unsere Veranstaltung, die gewisse Bitterkeit war überhaupt vergessen, und es wurde ein ausgezeichnetes Weihnachten, das bis zum Morgen dauerte und alle befriedigte. Und bei dieser allgemeinen Befriedigung spielte es natürlich gar keine Rolle mehr, daß dieses Zeitungsblatt nicht wir ausgesucht hatten, sondern Gott.

10. DEZEMBER

HANS SCHEIBNER

Familienglück

Oh, Mann, das wäre ja fast schiefgegangen. Eine Woche Elkes Mutter im Haus. Zweimal ist Manfred in die Kneipe gelaufen. Elke hat mitten in der Nacht geheult: „Ich halt' das nicht mehr aus. Ich halt' das nicht mehr aus!" Aber sonst: keine besonderen Vorkommnisse. Als Elkes Mutter Heiligabend nachmittags mit zwei Koffern aus Herne ankam, war noch Jubel und Umarmung. Obwohl: Manfred und Elke hatten sie auf dem falschen Gleis erwartet, sodass Mutter zehn Minuten allein auf ihrem Bahnsteig stand. „Ich dachte schon, ihr holt mich nicht mal ab", war ihre Begrüßung.

Bis Heiligabend ging alles glatt. Wenn man von dem Disput in der Küche zwischen Mutter und Elke absieht.

„Zur Gans gehört Rotkohl!", gab Mutter bekannt.

„Wir mögen aber lieber Grünkohl", antwortete Elke sehr beherrscht.

„Grünkohl gehört nicht zur Gans. Das tust du nur wegen Manfred."

Manfred aber zeigte sich von seiner besten Seite. Er ließ sich nicht einmal etwas anmerken, als Mutter sagte: „Dass eure Gardinen so gelb sind, liegt nur daran, dass Manfred in der Stube raucht."

Auch der kleine Zwischenfall mit der Kristallschale wurde überwunden. Sie war ein Geschenk Mutters.

„Echt Bleikristall. Mögt ihr die auch leiden?"

„Toll! Ganz entzückend", log Elke.

„Die gehört in den Glasschrank, damit man sie immer sieht."

Als Elke nicht gleich zustimmte, hieß es: „Ihr mögt sie also nicht leiden. Hat ja auch nur 200 Mark gekostet."

Manfred goss sich schnell einen doppelten Kognak ein und streichelte heimlich seine Frau.

„Noch drei Tage, dann haben wir es geschafft", flüsterte Elke. Mutter wollte bis Neujahr bleiben.

Einmal sagte sie: „Wenn ich euch im Wege bin, braucht ihr es nur zu sagen. Dann fahr' ich eben wieder nach Haus und bleib allein. Das bin ich ja gewohnt."

„Um Himmels willen, Muttchen", riefen Manfred und Elke entrüstet aus.

Den ersten Schlagabtausch gab es dann bei „Sissi" im Fernsehen. Manfred konnte sich nicht beherrschen. „Typischer Schwachsinn für alte Weiber", entfuhr es ihm. Na, da hatte er aber zu tun, wieder gut Wetter zu machen. Zur Strafe hat er sich den ganzen ersten Teil von „Sissi" ansehen müssen.

Eine böse Klippe war auch das Aufstehen. Elke und Manfred freuten sich aufs Ausschlafen. Mutter klapperte schon um halb acht mit den Tassen in der Küche.

„Sie klappert richtig vorwurfsvoll", zischte Elke im Bett und bebte vor Wut.

„Abends nicht so lange fernsehen!", empfing Mutter die beiden am Frühstückstisch.

Aber sie hatten sich nun mal vorgenommen, bis zum Ende friedlich zu bleiben. So überstanden sie auch die Sache mit dem Sessel vor der Tür, Mutter war äußerst beunruhigt, dass die Kinder nicht einmal einen Riegel vor der Haustür hatten und stellte abends den Sessel vor die Tür – gegen die Einbrecher.

Silvester Vormittag sauste Manfred ab in die nächste Kneipe. Er hatte mitgehört, wie Mutter in der Küche sagte: „Darum habt ihr auch noch keine Kinder. Er trinkt zu viel, dein Mann. Darum habt ihr auch noch keine Kinder. Das geht auf die Potenz".

Irgendwie wurde sogar die Silvesterknallerei überstanden. Manfred verbrannte sich den Finger beim Anzünden einer Rakete. Das tat weh. Aber Mutters Kommentar: „Ich hab doch gleich gesagt, pass besser auf", tat noch viel weher. Aber wie gesagt, keine besonderen Vorkommnisse.

Neujahr fuhr Mutter wieder ab nach Herne. Elke und Manfred umarmten sie auf dem Bahnsteig. „Vielen Dank, dass du da warst! Waren schöne Feiertage mit dir."

Als der Zug abfuhr, kam es von Elke und Manfred gleichzeitig: „Gott sei Dank, das wäre überstanden."

Mutter in Herne berichtete ihrer Nachbarin, Frau Neumann: „War wunderschön bei meinen Kindern. Sie haben sich ja so gefreut, dass ich da war. Aber ehrlich gesagt: Länger hätte ich es auch nicht mehr ausgehalten."

HANS SCHEIBNER
Familienglück

11. DEZEMBER

BRÜDER GRIMM

Der goldene Schlüssel

Zur Winterszeit, als einmal ein tiefer Schnee lag, musste ein armer Junge hinausgehen und Holz auf einem Schlitten holen. Wie er es nun zusammengesucht und aufgeladen hatte, wollte er, weil er so erfroren war, noch nicht nach Haus gehen, sondern erst Feuer anmachen und sich ein bisschen wärmen. Da scharrte er den Schnee weg, und wie er so den Erdboden aufräumte, fand er einen kleinen goldenen Schlüssel. Nun glaubte er, wo der Schlüssel wäre, müsste auch das Schloss dazu sein, grub in der Erde und fand ein eisernes Kästchen. „Wenn der Schlüssel nur passt!", dachte er. „Es sind gewiss kostbare Sachen in dem Kästchen."

Er suchte, aber es war kein Schlüsselloch da, endlich entdeckte er eins, aber so klein, dass man es kaum sehen konnte. Er probierte, und der Schlüssel passte glücklich. Da drehte er einmal herum, und nun müssen wir warten, bis er vollends aufgeschlossen und den Deckel aufgemacht hat, dann werden wir erfahren, was für wunderbare Sachen in dem Kästchen lagen.

12. DEZEMBER

FRANK SCHULZ

Der Schornsteinfeger

Als ich an jenem für griechische Verhältnisse gottlos kalten Januarabend die Stimme meines Vaters am Telefon hörte, wusste ich sofort, dass etwas passiert war. Jede Nuance seines Timbres ist mir von meinem eigenen vertraut, und so war es, als hörte ich mich selbst sprechen, und empfand das entsprechende Gefühl, noch bevor die schlimme Nachricht ausgesprochen war.

Ich weinte ein bisschen. Ich packte frierend und stockend einen Koffer, und während ich – dieser unausrottbaren abergläubischen Regung folgend, die mir von meinem Vater in die Wiege gelegt worden war – in der Erinnerung nach „Vorzeichen" suchte, wurde ich gewahr, dass ausgerechnet Anita die Todesbotin hatte spielen müssen ...

Nach ein paar Stunden Erschöpfungsschlaf setzte ich mich ins Auto, legte die vierhundert Kilometer von Kouphala nach Athen zurück (es war erst zwei Wochen her, dass ich den entgegengesetzten Weg genommen hatte, als ich vom Weihnachtsbesuch in meinem Heimatdorf zurückgekehrt war), und schon am Abend landete ich wieder in Hamburg-Fuhlsbüttel. Eine meiner beiden Schwestern holte mich ab, und wir fuhren etwa eine Stunde bis auf die Stader Geest.

„Kennt ihr den persönlich?", fragte ich meine Schwester. Ausgerechnet ein Polizist war es, der unseren Großvater totgefahren hatte. Wenigstens hatte Opa ordentlich einen sitzen gehabt, als ein Blechengel mit riesigen, blendenden Augen ihn holte. Er war siebenundachtzigeinhalb Jahre alt geworden.

Schnee lag nicht, aber der Boden war hart wie Granit, und der Wind stob so eisig über den Friedhof, dass meine Tränen sich wie feine Säure anfühlten. Mein Bart juckte. Kaum weniger fassungslos als unsere Urahnen aus der Steinzeit drängten wir uns am offenen Grab aneinander.

Von Zeit zu Zeit flammte mein Zorn auf den Bestattungsunternehmer auf, der Oma gebeten hatte, „frische Wäsche" für seine Arbeit bereitzulegen. Frische Wäsche, schnaubte ich – eine weiße Fahne in der arktischen Luft –, während tief unter der Wut die heißen Höllenquellen der Vergeblichkeit sprudelten.

Oma wurde von einer Kraft auf den Beinen gehalten, die mir Angst einjagte.

„Wie kann dat bloß angohn", hatte sie, ich weiß nicht wie oft, wiederholt, „geiht ut'n Huus und kümmt nich wedder."

Über sechzig Jahre waren sie verheiratet gewesen. Meine Mutter stützte sie, ihre Mutter.

Als der Sarg in den Schacht hinuntergelassen wurde, sah ich meinen Vater an. Er hatte seinen Vater zuletzt von der Pritsche eines russischen Lkws winken gesehen. Um die Sieger über sein Alter zu täuschen, hatte sein Vater sich einen Bart wachsen lassen, der aber nicht die Farbe meines Bartes gehabt hatte. Mein Bart hat die Farbe vom Bart des Vaters der Mutter meines Vaters, mit der er von der Warthe bis hierher an die Unterelbe geflüchtet war. Er hatte seine Ursprungsfamilie verloren, Vater, Mutter und drei Geschwister, und nun auch noch seinen Ersatzvater, seinen Schwiegervater.

Einige Tage später floh ich wieder zurück nach Kouphala und versuchte, mich glücklich zu schätzen, dass ich Opa wenigstens zu Weihnachten noch gesehen hatte.

Wir haben nie viel miteinander geredet, mein Großvater und ich, immer nur ein paar Worte, die aber von verlegener

Zuneigung erfüllt waren, vom unverbrüchlichen Drang, die Welten, die zwischen unseren Leben lagen, mit diesen wenigen Worten zu überbrücken, ohne nach unten zu schauen.

Allerdings ... Ich weiß nicht mehr, zu welcher Gelegenheit es war; ich weiß nur noch, dass ich Opa einmal gefragt habe, was er im Krieg gemacht hatte. Da war ich noch sehr viel jünger, und vermutlich war ich es mir schuldig, meine Zuneigung zu meinem Großvater vor einem inneren Tribunal zu überprüfen. Ich habe ihn selten so ernst gesehen wie in dem Moment, als er, auf Hochdeutsch, antwortete, er habe niemals auf einen Menschen geschossen. Er habe immer danebengezielt. Ich hörte das, und ich stellte mir vor, wie er in einem Schützengraben lag, im Nacken den Kommandanten oder wie immer diese Leute sich nennen, und sich mit aller Kraft bemühte, unauffällig danebenzuschießen – er war Jäger und würde eines Tages Schützenkönig unseres friedlichen Dorfes werden –, und da wusste ich, dass er die Wahrheit sagte.

Opa hat niemals irgendeinen Menschen treffen wollen. Er war Maurer, er baute Häuser. Wenn ich sein Gesicht vor mir sehe, dann sehe ich – Güte. Ich sehe eine imaginäre Situation vor mir, in der irgendetwas Strittiges passiert, das mich oder jemand anderen aus meiner Familie betrifft, und Opa steht im Hintergrund, schweigt und grinst. Nein, kein Grinsen, Grinsen hat manchmal etwas Fratzenhaftes; aber es ist auch kein Lächeln, einem Lächeln wiederum fehlt meist die – Verwunderung. Fehlt die Verständnislosigkeit, die gelassene Verständnislosigkeit. Vielleicht war sogar etwas wie Genuss dabei, nicht wissen zu müssen, was sich jenseits des eigenen Horizonts abspielte. Und eben – Güte.

Herzensgut, ohne doof, melancholisch, verrückt oder krank zu sein. Und doch ein Mann. Ein Patriarch, mit dem sich zanken und schimpfen ließ, wie meine Mutter es manchmal tat. Der niemals rechthaberisch war und doch stur sein konnte. Der Oma manchmal zum Weinen brachte – „Wat brukst du 'n näiet Kläid, du büst doch ould!" –, aber so, dass ich ihn dafür bewunderte, wie er das ihm zustehende Pendant des Mitleids, das ich Oma in dem Moment entgegenbrachte, auf diese Weise im Keim erstickte. Immerhin war er zwei Jahre älter als Oma.

Zu Weihnachten hatten wir in der Stube gesessen. Ich war noch nicht ganz vierzig Jahre alt, frischgebackener Frührentner und nervös wie ein überzüchteter Pudel, ließ mir aber nichts anmerken. Ich hatte meine Eltern in den vorausgegangenen Jahren nicht allzu häufig gesehen. Nach einer langen stationären Therapie im Fränkischen war ich für knapp zwei Monate in den Norden zurückgekehrt, da waren sie jedoch wieder einmal in Kanada herumgereist, und als sie zurückkehrten, war ich bereits ans Ionische Meer gezogen. Es waren die ersten familiären Weihnachten seit etlichen Jahren, und auch Anita würde noch kommen. Wir hatten uns vorgenommen, unsere gerade vollzogene Scheidung bekanntzugeben.

Oma und Opa saßen nebeneinander auf dem Sofa und schwiegen miteinander geradeaus. Im rechten Winkel dazu saß ich im Sessel. Drüben, um den Esstisch herum, stichelten meine älteren Neffen auf die jüngeren ein, wobei sie Blicke auf die bunten Pakete unterm Weihnachtsbaum warfen. Mein Vater holte Getränke aus dem Keller, in der Küche verständigten sich meine Schwestern mit meiner Mutter unterm Gefauch der Dunstabzugshaube über grünkohllogistische Dinge, und ich versuchte, von meinem Großvater zu lernen. Er saß mit verschränkten Händen da und blickte geradeaus, durch die Wände des Hauses hindurch, das er sechs Jahrzehnte zuvor gebaut hatte. Ich versuchte, von ihm zu lernen, aber im Grunde blieb mir nicht viel mehr übrig, als durch die Haufen von Scheiße hindurchzublicken, die ich gebaut hatte.

Immerhin war es mir gelungen, das Rauchen und Trinken aufzugeben. Opa trank sein Leben lang gern Bier und Schnaps und vor allem seinen Rumgrog. Er hatte über vierzig Jahre lang Zigarren geraucht. Er war bereits auf Rente, als er es von einem Tag auf den anderen aufgab. Sein Aussehen veränderte sich dadurch. Mein ganzes Leben lang hatte ich ihn mit einer im Mund verschraubten Zigarre gekannt; die Zigarre war wie eine Art zweiter, qualmender Nase, und als sie aus seinem Gesicht verschwand, wirkte es zunächst wie verstümmelt. Es hat sehr lange gedauert, dass ich mich daran gewöhnt hatte. Er wirkte plötzlich verletzlicher, und die charakterliche Stärke, die diese Selbstbeschneidung voraussetzte, vermochte ich mir lediglich abstrakt zu vergegenwärtigen.

Ich erinnere mich, dass meine Schwestern und ich einmal festgestellt hatten, Opa werde mit fortgeschrittenem Alter zugänglicher, lustiger gegenüber uns Enkelkindern. Heute bin ich nicht mehr sicher, ob das stimmte. Jedenfalls erhöhten wir unsere diesbezügliche Aufmerksamkeit, und vielleicht zeitigte allein die unmerkliche Wechselwirkung feinster Signale das gewünschte Ergebnis.
Jedenfalls betrachte ich das Witzchen, das er machte, als Anita die Stube betrat, als sein Vermächtnis an uns.

Ich versuchte Bauchatmung, wie ich's in der Klinik gelernt hatte, und gleichzeitig, mir Opas Ruhe anzuverwandeln, da gab es in der Küche einen kleinen, freundlichen Aufruhr. Anita war von hinten hereingekommen, wie wir es früher gemeinsam zu tun pflegten. Weder Oma noch Opa erwachten aus der Versenkung, in die sie sich begeben hatten, nicht einmal als die Urenkel die Tür zur Küche aufrissen, hinaustobten und sie wieder zuknallten.
Ich blieb sitzen.

Schließlich kam Anita in die Stube. Sie sah toll aus – gesund, schön – und trug zu ihren schwarzen Haaren Kleidung im urbanen Schwarz jener Jahre; Schwarz, das man in unserem Dorf, früher, nur in Trauer trug. „Hallo!", rief sie, und da fuhr Opa zusammen, ich weiß nicht, ob im Spaß, und sagte: „Hu! Wat is dat!? De Schoss'steinfeger?"

Erst nachdem meine Zeit am Ionischen Meer vorüber war, nachdem ich auch Hamburg erneut den Rücken gekehrt hatte – erst als ich wieder in dem Dorf lebte, in dem ich geboren bin –, über fünf Jahre nach seinem Tod also begann meine wahre Trauer um ihn, seltsam. Die meisten meiner Spaziergänge in die Wiesen, in den Wald, über die Felder, an den Mühlenteich, sie kreuzten den Friedhof. Ich stellte mich an sein Grab wie in einem blöden Film und weinte. Manchmal fing ich schon auf dem Weg dorthin an zu heulen. Ich sprach mit ihm; ich erzählte ihm, was für Scheiße ich im Leben gebaut hatte und dass das nun hoffentlich bald einmal ein Ende hätte. Ich stellte ihm Fragen – und eine immer wieder: ob er ein schönes Leben gehabt habe. Manchmal verzweifelte ich fast daran, dass er sie mir nicht beantworten konnte – ich sah nur sein gütiges Gesicht, schweigend, wenn auch nicht stumm –; manchmal musste ich darüber lachen, dass ich überhaupt nicht mehr aufhören konnte zu heulen. Hätte ich die Flüssigkeit auf Flaschen gezogen, ich hätte einem Verdurstenden das Leben damit retten können.

Es ging lange so, vielleicht über ein Jahr.

Opa hatte mir nie etwas verboten, er hatte mir nie etwas erlauben müssen. Er hatte mir nichts Besonderes beigebracht oder von mir verlangt. Er hatte mich nicht verstanden, und er hatte mich nichts gefragt. Er hatte mir später einmal hin und wieder zugesehen, wie ich die Zigarre rauchte, die er mir aus seinen Restbeständen angeboten hatte. Und so wurde mir eines Tages im Sommer klar, dass er der einzige Mensch gewesen war, den ich auf ganz und gar reine Art geliebt hatte.

Ich musste mich setzen, ich sackte förmlich zusammen, und weinte mir die Augen aus dem Kopf. Ich weinte mich halbblind, ich weinte mich fast um den Verstand. Buchfinken und Meisen schwirrten zwischen den lau rauschenden Kronen der alten Buchen, Birken und Lärchen hin und her. Ich weinte eine Stunde lang, im Sitzen, bis mir der Hintern wehtat, versuchte aufzustehen und wegzugehen, aber es klappte noch nicht, also legte ich mich hin und weinte in den schattigen Boden.

Da, als ich zum letzten Mal um ihn weinte, war ich noch nicht einmal so alt, wie er war, als ich geboren wurde. Er wird wohl ein schönes Leben gehabt haben, wenn es ihm vergönnt war, von einem schönen Schornsteinfeger auf das Ende vorbereitet zu werden. „Hu! Wat is dat!?", wird sein letzter, groggetränkter Gedanke gewesen sein, als ein Blechengel mit riesigen, blendenden Augen ihn holte.

13. DEZEMBER

ROBERT GERNHARDT

Die Falle. Eine Weihnachtsgeschichte

Da Herr Lemm, der ein reicher Mann war, seinen beiden Kindern zum Christfest eine besondere Freude machen wollte, rief er Anfang Dezember beim Studentenwerk an und erkundigte sich, ob es stimme, daß die Organisation zum Weihnachtsfest Weihnachtsmänner vermittle. Ja, das habe seine Richtigkeit. Studenten stünden dafür bereit, 25 DM koste eine Bescherung, die Kostüme brächten die Studenten mit, die Geschenke müßte der Hausherr natürlich selbst stellen. „Versteht sich, versteht sich", sagte Herr Lemm, gab die

Adresse seiner Villa in Berlin-Dahlem an und bestellte einen Weihnachtsmann für den 24. Dezember um 18 Uhr. Seine Kinder seien noch klein, und da sei es nicht gut, sie allzu lange auf die Bescherung warten zu lassen. Der bestellte Weihnachtsmann kam pünktlich. Er war ein Student mit schwarzem Vollbart, unter dem Arm trug er ein Paket.

„Wollen Sie so auftreten?" fragte Herr Lemm.

„Nein", antwortete der Student, „da kommt natürlich noch ein weißer Bart darüber. Kann ich mich hier irgendwo umziehen?"

Er wurde in die Küche geschickt. „Da stehen aber leckere Sachen", sagte er und deutete auf die kalten Platten, die auf dem Küchentisch standen. „Nach der Bescherung, wenn die Kinder im Bett sind, wollen noch Geschäftsfreunde meines Mannes vorbeischauen", erwidert die Hausfrau. „Daher eilt es etwas. Könnten Sie bald anfangen?"

Der Student war schnell umgezogen. Er hatte jetzt einen roten Mantel mit roter Kapuze an und band sich einen weißen Bart um. „Und nun zu den Geschenken", sagte Herr Lemm. „Diese Sachen sind für den Jungen, Thomas", er zeigte auf ein kleines Fahrrad und andere Spielsachen – „und das bekommt Petra, das Mädchen, ich meine die Puppe und die Sachen da drüben. Die Namen stehen jeweils drauf, da wird wohl nichts schiefgehen. Und hier ist noch ein Zettel, auf dem ein paar Unarten der Kinder notiert sind, reden Sie ihnen mal ins Gewissen, aber verängstigen Sie sie nicht, vielleicht genügt es, etwas mit der Rute zu drohen. Und versuchen Sie, die Sache möglichst rasch zu machen, weil wir noch Besuch erwarten."

Der Weihnachtsmann nickte und packte die Geschenke in den Sack. „Rufen Sie die Kinder schon ins Weihnachtszimmer, ich komme gleich nach. Und noch eine Frage. Gibt es hier ein Telefon? Ich muß jemanden anrufen."

„Auf der Diele rechts."

„Danke."

Nach einigen Minuten war dann alles soweit. Mit dem Sack über den Rücken ging der Student auf die angelehnte Tür des Weihnachtszimmers zu. Einen Moment blieb er stehen. Er hörte die Stimme von Herrn Lemm, der gerade sagte: „Wißt ihr, wer jetzt gleich kommen wird? Ja, Petra, der Weihnachtsmann, von dem wir euch so viel erzählt haben. Benehmt euch schön brav..."

Fröhlich öffnete er die Tür. Blinzelnd blieb er stehen. Er sah den brennenden Baum, die erwartungsvollen Kinder, die feierlichen Eltern. Es hatte geklappt, jetzt fiel die Falle zu. „Guten Tag, liebe Kinder", sagte er mit tiefer Stimme. „Ihr seid also Thomas und Petra. Und ihr wißt sicher, wer ich bin, oder?"

„Der Weihnachtsmann", sagte Thomas etwas ängstlich.

„Richtig. Und ich komme zu euch, weil heute Weihnachten ist. Doch bevor ich nachschaue, was ich alles in meinem Sack habe, wollen wir erst einmal ein Lied singen. Kennt ihr ‚Stille Nacht, heilige Nacht'? Ja? Also!"

Er begann mit lauter Stimme zu singen, doch mitten im Lied

brach er ab. „Aber, aber, die Eltern singen ja nicht mit! Jetzt fangen wir alle noch mal von vorne an. Oder haben wir den Text etwa nicht gelernt? Wie geht denn das Lied, Herr Lemm?"

Herr Lemm blickte den Weihnachtsmann befremdet an. „Stille Nacht, heilige Nacht, alles schläft, einer wacht..."

Der Weihnachtsmann klopfte mit der Rute auf den Tisch: „Einsam wacht! Weiter! Nur das traute..."

„Nur das traute, hochheilige Paar", sagte Frau Lemm betreten, und leise fügte sie hinzu: „Holder Knabe im lockigen Haar."

„Vorsagen gilt nicht", sagte der Weihnachtsmann barsch und hob die Rute. „Wie geht es weiter?"

„Holder Knabe im lockigen..."

„Im lockigen Was?"

„Ich weiß nicht", sagte Herr Lemm. „Aber was soll denn die Fragerei? Sie sind hier, um..."

Seine Frau stieß ihn in die Seite, und als er die erstaunten Blicke seiner Kinder sah, verstummte Herr Lemm.

„Holder Knabe im lockigen Haar", sagte der Weihnachtsmann. „Schlaf in himmlischer Ruh, schlaf in himmlischer Ruh. Das nächste Mal lernen wir das besser. Und jetzt singen wir noch einmal miteinander: ‚Stille Nacht, heilige Nacht'."

„Gut, Kinder", sagte er dann. „Eure Eltern können sich ein Beispiel an euch nehmen. So, jetzt geht es an die Bescherung. Wir wollen doch mal sehen, was wir hier im Sack haben. Aber Moment, hier liegt ja noch ein Zettel!" Er griff nach dem Zettel und las ihn durch.

„Stimmt das, Thomas, daß du in der Schule oft ungehorsam bist und den Lehrern widersprichst?"

„Ja", sagte Thomas kleinlaut.

„So ist es richtig", sagte der Weihnachtsmann. „Nur dumme Kinder glauben alles, was ihnen die Lehrer erzählen. Brav, Thomas!"

Herr Lemm sah den Studenten beunruhigt an.

„Aber...", begann er. „Sei doch still", sagte seine Frau.

„Wollten Sie etwas sagen?", fragte der Weihnachtsmann Herrn Lemm mit tiefer Stimme und strich sich über den Bart.

„Nein."

„Nein, lieber Weihnachtsmann, heißt das immer noch. Aber jetzt kommen wir zu dir, Petra. Du sollst manchmal bei Tisch reden, wenn du nicht gefragt wirst, ist das wahr?" Petra nickte. „Gut so", sagte der Weihnachtsmann. „Wer immer nur redet, wenn er gefragt wird, bringt es in diesem Leben zu nichts. Und da ihr so brave Kinder seid, sollt ihr nun auch belohnt werden. Aber bevor ich in den Sack greife, hätte ich gerne etwas zu trinken." Er blickte die Eltern an.

„Wasser?" fragte Frau Lemm.

„Nein, Whisky. Ich habe in der Küche eine Flasche ‚Chivas Regal' gesehen. Wenn Sie mir davon etwas einschenken würden? Ohne Wasser, bitte, aber mit etwas Eis."

„Mein Herr!" sagte Herr Lemm, aber seine Frau war schon aus dem Zimmer. Sie kam mit einem Glas zurück, das sie dem Weihnachtsmann anbot. Er leerte es und schwieg.

„Merkt euch eins, Kinder", sagte er dann. „Nicht alles, was teuer ist, ist auch gut. Whisky kostet etwa 50 DM pro Flasche. Davon müssen manche Leute einige Tage leben, und eure Eltern trinken das einfach runter. Ein Trost bleibt: Der Whisky schmeckt nicht besonders."

Herr Lemm wollte etwas sagen, doch als der Weihnachtsmann die Rute hob, ließ er es.

„So, jetzt geht es an die Bescherung."

Der Weihnachtsmann packte die Sachen aus und überreichte sie den Kindern. Er machte dabei kleine Scherze, doch es gab keine Zwischenfälle, Herr Lemm atmete leichter, die Kinder schauten respektvoll zum Weihnachtsmann auf, bedankten sich für jedes Geschenk und lachten, wenn er einen Scherz machte. Sie mochten ihn offensichtlich.

„Und hier habe ich noch etwas Schönes für dich, Thomas", sagte der Weihnachtsmann. „Ein Fahrrad. Steig mal drauf."

Thomas strampelte, der Weihnachtsmann hielt ihn fest, gemeinsam drehten sie einige Runden im Zimmer.

„So, jetzt bedankt euch mal beim Weihnachtsmann!" rief Herr Lemm den Kindern zu. „Er muß nämlich noch viele, viele Kinder besuchen, deswegen will er jetzt leider gehen." Thomas schaute den Weihnachtsmann enttäuscht an, da klingelte es. „Sind das schon die Gäste?" fragte die Hausfrau. „Wahrscheinlich", sagte Herr Lemm und sah den Weihnachtsmann eindringlich an. „Öffne doch."

Die Frau tat das, und ein Mann mit roter Kapuze und mit rotem Mantel, über den ein langer weißer Bart wallte, trat ein. „Ich bin Knecht Ruprecht", sagte er mit tiefer Stimme.

Währenddessen hatte Herr Lemm im Weihnachtszimmer noch einmal behauptet, daß der Weihnachtsmann jetzt leider gehen müsse. „Nun bedankt euch schön, Kinder", rief er, als Knecht Ruprecht das Zimmer betrat. Hinter ihm kam seine Frau und sah ihn achselzuckend an.

„Da ist ja mein Freund Knecht Ruprecht", sagte der Weihnachtsmann fröhlich.

„So ist es", erwiderte dieser. „Da drauß' vom Walde komm' ich her, ich muß euch sagen, es weihnachtet sehr. Und jetzt hätte ich gerne etwas zu essen."

„Wundert euch nicht", sagte der Weihnachtsmann zu den Kindern gewandt. „Ein Weihnachtsmann alleine könnte nie all die Kinder bescheren, die es auf der Welt gibt. Deswegen habe ich Freunde, die mir dabei helfen: Knecht Ruprecht, den heiligen Nikolaus und noch viele andere..."

Es klingelte wieder. Die Hausfrau blickte Herrn Lemm an, der so verwirrt war, daß er mit dem Kopf nickte; sie ging zur Tür und öffnete. Vor der Tür stand ein dritter Weihnachtsmann, der ohne Zögern eintrat. „Puh", sagte er. „Diese Kälte! Hier ist es beinahe so kalt wie am Nordpol, wo ich zu Hause bin!" Mit diesen Worten betrat er das Weihnachtszimmer. „Ich bin Sankt Nikolaus", fügte er hinzu, „und ich freue mich immer, wenn ich brave Kinder sehe. Das sind sie doch – oder?"

„Sie sind sehr brav", sagte der Weihnachtsmann. „Nur die Eltern gehorchen nicht immer, denn sonst hätten sie schon längst eine von den kalten Platten und etwas zu trinken gebracht."

„Verschwinden Sie!" flüsterte Herr Lemm in das Ohr des Studenten.

„Sagen Sie es doch so laut, daß Ihre Kinder es auch hören können", antwortete der Weihnachtsmann.

„Ihr gehört jetzt ins Bett", sagte Herr Lemm.

„Nein", brüllten die Kinder und klammerten sich an den Mantel des Weihnachtsmannes.

„Hunger", sagte Sankt Nikolaus.

Die Frau holte ein Tablett. Die Weihnachtsmänner begannen zu essen. „In der Küche steht Whisky", sagte der erste, und als Frau Lemm sich nicht rührte, machte sich Knecht Ruprecht auf den Weg. Herr Lemm lief hinter ihm her. In der Diele stellte er den Knecht Ruprecht, der mit einer Flasche und einigen Gläsern das Weihnachtszimmer betreten wollte. „Lassen Sie die Hände vom Whisky!"

„Thomas!" rief Knecht Ruprecht laut, und schon kam der Junge auf seinem Fahrrad angestrampelt. Erwartungsvoll blickte er Vater und Weihnachtsmann an.

„Mein Gott, mein Gott", sagte Herr Lemm, doch er ließ Knecht Ruprecht vorbei.

„Tu was dagegen", sagte seine Frau. „Das ist ja furchtbar. Tu was!"

„Was soll ich tun?" fragte er, da klingelte es.

„Das werden die Gäste sein!"

„Und wenn sie es nicht sind?"

„Dann hole ich die Polizei!"

Herr Lemm öffnete. Ein junger Mann trat ein. Auch er hatte einen Wattebart im Gesicht, trug jedoch keinen roten Mantel, sondern einen weißen Umhang, an dem er zwei Flügel aus Pappe befestigt hatte.

Der Weihnachtsmann, der auf die Diele getreten war, als er das Klingeln gehört hatte, schwieg wie die anderen. Hinter ihm schauten die Kinder, Knecht Ruprecht und Sankt Nikolaus auf den Gast.

„Grüß Gott, lieber…", sagte Knecht Ruprecht schließlich.

„Lieber Engel Gabriel", ergänzte der Bärtige verlegen.

„Ich komme, um hier nachzuschauen, ob auch alle Kinder artig sind. Ich bin nämlich einer von den Engeln auf dem Felde, die den Hirten damals die Geburt des Jesukindes angekündigt haben. Ihr kennt doch die Geschichte, oder?"

Die Kinder nickten, und der Engel ging etwas befangen ins Weihnachtszimmer. Zwei Weihnachtsmänner folgten ihm, den dritten, es war jener, der als erster gekommen war, hielt Herr Lemm fest. „Was soll denn der Unfug?" fragte er mit einer Stimme, die etwas zitterte. Der Weihnachtsmann zuckte mit den Schultern. „Ich begreif auch nicht, warum er so antanzt. Ich habe ihm ausdrücklich gesagt, er solle als

Weihnachtsmann kommen, aber wahrscheinlich konnte er keinen roten Mantel auftreiben."

„Sie werden jetzt alle schleunigst verschwinden", sagte Herr Lemm.

„Schmeißen Sie uns doch raus", erwiderte der Weihnachtsmann und zeigte ins Weihnachtszimmer. Dort saß der Engel, aß Schnittchen und erzählte Thomas davon, wie es im Himmel aussah. Die Weihnachtsmänner tranken und brachten Petra ein Lied bei, das mit den Worten begann: „Nun danket alle Gott, die Schule ist bankrott."

„Wieviel verlangen Sie?" fragte Herr Lemm.

„Wofür?"

„Für Ihr Verschwinden. Ich erwarte bald Gäste, das wissen Sie doch."

„Ja, das könnte peinlich werden, wenn Ihre Gäste hier hereinplatzen würden. Was ist Ihnen denn die Sache wert?"

„Hundert Mark", sagte der Hausherr. Der Weihnachtsmann lachte und ging ins Zimmer. „Holt mal eure Eltern", sagte er zu Petra und Thomas. „Engel Gabriel will uns noch die Weihnachtsgeschichte erzählen."

Die Kinder liefen auf die Diele. „Kommt", schrien sie, „Engel Gabriel will uns was erzählen." Herr Lemm sah seine Frau an.

„Halt mir die Kinder etwas vom Leibe", flüsterte er, „ich rufe jetzt die Polizei an!" – „Tu es nicht", bat sie, „denk doch daran, was in den Kindern vorgehen muß, wenn Polizisten ..." – „Das ist mir jetzt völlig egal", unterbrach Herr Lemm. „Ich tu's."

„Kommt doch", riefen die Kinder. Herr Lemm hob den Hörer ab und wählte. Die Kinder kamen neugierig näher. „Hier Lemm", flüsterte er. „Lemm, Berlin-Dahlem. Bitte schicken Sie ein Überfallkommando." – „Sprechen Sie bitte lauter", sagte der Polizeibeamte. „Ich kann nicht lauter sprechen, wegen der Kinder. Hier, bei mir zu Haus, sind drei Weihnachtsmänner und ein Engel, und die gehen nicht weg…"

Frau Lemm hatte versucht, die Kinder wegzuscheuchen, es war ihr nicht gelungen. Petra und Thomas standen neben ihrem Vater und schauten ihn an. Herr Lemm verstummte.

„Was ist mit den Weihnachtsmännern?" fragte der Beamte, doch Herr Lemm schwieg weiter.

„Fröhliche Weihnachten", sagte der Beamte und hängte auf.

Da erst wurde Herrn Lemm klar, wie verzweifelt seine Lage war.

„Komm, Papi", riefen die Kinder, „Engel Gabriel will anfangen." Sie zogen ihn ins Weihnachtszimmer.

„Zweihundertfünfzig", sagte er leise zum Weihnachtsmann, der auf der Couch saß.

„Pst", antwortete der und zeigte auf den Engel, der „Es begab sich zu der Zeit" sagte und langsam fortfuhr. „Dreihundert." Als der Engel begann, den Kindern zu erzählen, was der Satz „Und die war schwanger" bedeute, sagte Herr Lemm „Vierhundert", und der Weihnachtsmann nickte.

„Jetzt müssen wir leider gehen, liebe Kinder", sagte er. „Seid hübsch brav, widersprecht euren Lehrern, wo es geht, haltet die Augen offen und redet, ohne gefragt zu werden. Versprecht ihr mir das?"

Die Kinder versprachen es, und nacheinander verließen der Weihnachtsmann, Knecht Ruprecht, Sankt Nikolaus und der Engel Gabriel das Haus. „Ich fand es nicht richtig, daß du Geld genommen hast", sagte Knecht Ruprecht auf der Straße.

„Das war nicht geplant."

„Leute, die sich Weihnachtsmänner mieten, sollen auch dafür zahlen", meinte Engel Gabriel.

„Aber nicht so viel."

„Wieso nicht? Alles wird heutzutage teurer, auch das Bescheren."

„Expropriation der Expropriateure", sagte der Weihnachtsmann.

„Richtig", sagte Sankt Nikolaus. „Wo steht geschrieben, daß der Weihnachtsmann immer nur etwas bringt? Manchmal holt er auch was."

„In einer Gesellschaft, deren Losung ‚Hastuwasbistuwas' heißt, kann auch der Weihnachtsmann nicht sauber bleiben", sagte Engel Gabriel. „Es ist kalt", sagte der Weihnachtsmann.

„Vielleicht sollten wir das Geld einem wohltätigen Zweck zur Verfügung stellen", schlug Knecht Ruprecht vor.

„Erst einmal sollten wir eine Kneipe finden, die noch auf hat", sagte der Weihnachtsmann. Sie fanden eine, nahmen ihre Bärte ab, setzten sich und spendierten eine Lokalrunde, bevor sie weiter beratschlagten.

14. DEZEMBER

WALTER BENJAMIN

Blumeshof 12

Keine Klingel schlug freundlicher an. Hinter der Schwelle dieser Wohnung war ich geborgener als selbst in der elterlichen. Übrigens hieß es nicht Blumes-Hof, sondern Blumezoof, und es war eine riesige Plüschblume, die so, aus krauser Hülle, mir ins Gesicht fuhr. In ihrem Innern saß die Großmutter; die Mutter meiner Mutter. Sie war Witwe. Wenn man die alte Dame auf ihrem teppichbelegten und mit einer kleinen Balustrade verzierten Erker, welcher auf den Blumeshof herausging, besuchte, konnte man sich schwerlich denken, wie sie große Seefahrten oder gar Ausflüge in die Wüste unter Leitung von „Stangens Reisen" unternommen hatte, an die sie sich alle paar Jahre anschloss. Madonna di Campiglio und Brindisi, Westerland und Athen und von wo sonst sie auf ihren Reisen Ansichtskarten schickte – in ihnen allen stand die Luft von Blumeshof. Und die große, bequeme Handschrift, die den Fuß der Bilder umspielte oder sich in ihrem Himmel wölkte, zeigte sie so ganz und gar von meiner Großmutter bewohnt, dass sie zu Kolonien des Blumeshof wurden. Wenn dann ihr Mutterland sich wieder auftat, betrat ich dessen Dielen so voll Scheu, als hätten sie mit ihrer Herrin auf den Wellen des Bosporus getanzt und als verberge sich in den Persern noch der Staub von Samarkand.

Mit welchen Worten das unvordenkliche Gefühl von bürgerlicher Sicherheit umschreiben, das von dieser Wohnung ausging? Das Inventar in ihren vielen Zimmern würde heute keinem Trödler Ehre machen. Denn wenn auch die Erzeugnisse der siebziger Jahre so viel solider waren als die späteren des Jugendstils – das Unverwechselbare an ihnen war der Schlendrian, mit dem sie dem Lauf der Zeit die Dinge überließen und sich, was ihre Zukunft anbetraf, allein der Haltbarkeit des Materials und nirgends der Vernunftberechnung anvertrauten. Das Elend konnte in diesen Räumen keine Stelle haben, in denen ja nicht einmal der Tod sie hatte. Es gab in ihnen keinen Platz zum Sterben; darum starben ihre Bewohner in den Sanatorien, die Möbel aber kamen gleich im ersten Erbgang an den Händler. In ihnen war der Tod nicht vorgesehen. Darum erschienen sie bei Tage so gemütlich und wurden nachts der Schauplatz böser Träume. Das Stiegenhaus, das ich betrat, erwies sich als Wohnsitz eines Alps, der mich zuerst an allen Gliedern schwer und kraftlos machte, um schließlich, als mich nur noch wenige Schritte von der ersehnten Schwelle trennten, mich in Bann zu schlagen. Dergleichen Träume sind der Preis gewesen, mit dem ich die Geborgenheit erkaufte. Die Großmutter starb nicht im Blumeshof. Ihr gegenüber wohnte lange Zeit die Mutter meines Vaters, die schon älter war. Auch sie starb anderswo. So ist die Straße mir zum Elysium, zum Schattenreich unsterblicher, doch abgeschiedener Großmütter geworden. Und weil die Fantasie, wenn sie einmal den Schleier über eine Gegend geworfen hat, gern seine Ränder von unfasslichen Launen sich kräuseln lässt, hat sie ein Kolonialwarengeschäft, das in der Nähe liegt, zu einem Denkmal des Großvaters gemacht, der Kaufmann war, nur weil sein Inhaber auch George hieß. Das Brustbild dieses Frühverstorbenen hing lebensgroß und als Pendant zu jenem seiner Frau im Flur, der zu den abgelegeneren Teilen der Wohnung führte. Wechselnde Gelegenheiten riefen sie ins Leben. Der Besuch einer verheirateten Tochter eröffnete ein längst außer Gebrauch gekommenes Spindenzimmer; ein anderes Hinterzimmer nahm mich auf, wenn die Erwachsenen Mittagsruhe hielten; ein drittes war es, aus dem das Scheppern der Nähmaschine an den Tagen drang, an denen eine Schneiderin ins Haus kam. Der wichtigste von diesen abgelegenen Räumen war für mich die Loggia, sei es, weil sie, bescheidener möbliert, von den Erwachsenen weniger geschätzt war, sei es, weil gedämpft der Straßenlärm heraufdrang, sei es, weil sie mir den Blick auf fremde Höfe mit Portiers, Kindern und Leierkastenmännern freigab. Es waren übrigens mehr Stimmen als Gestalten, die von der Loggia sich eröffneten. Auch war das Viertel vornehm und das Treiben auf seinen Höfen niemals sehr bewegt; etwas von der Gelassenheit der Reichen, für die die Arbeit hier verrichtet wurde, hatte sich dieser selber mitgeteilt, und alles schien bereit, ganz unversehens in tiefen Sonntagsfrieden zu verfallen. Darum war der Sonntag der Tag der Loggia. Der Sonntag, den die andern Räume, die wie schadhaft waren, nie ganz fassen konnten, denn er sickerte durch sie hindurch – allein die Loggia, die auf den Hof mit seinen Teppichstangen und den andern Loggien hinausging, fasste ihn, und keine Schwingung der Glockenfracht, mit der die Zwölf-Apostel- und die Matthäi-Kirche sie beluden, glitt von ihr hinab, sondern bis Abend blieben sie dort aufgestapelt. Die Zimmer dieser Wohnung waren nicht nur zahlreich, sondern zum Teil sehr ausgedehnt. Der Großmutter auf ihrem Erker guten Tag zu sagen, wo neben ihrem Nähkorb dann sehr bald Obst oder Schokolade vor mir stand, musste ich durch das riesige Speisezimmer, um dann das Erkerzimmer zu durchwandern.

Aber der erste Weihnachtsfeiertag erst zeigte, wozu denn eigentlich diese Räume geschaffen waren. Freilich war der Beginn des großen Festes alljährlich mit einer sonderbaren Schwierigkeit verbunden. Die langen Tafeln nämlich, welche der Bescherung dienten, waren der Menge der Beschenkten wegen dicht bestellt. Es war da nicht nur die Familie in allen ihren Verzweigungen bedacht; auch die Bedienung hatte ihre Plätze unterm Baum und neben der jeweiligen auch die alte, die schon im Ruhestande war. So nahe darum Platz an Platz stieß, war man nie vor unvorhergesehenen Gebietsverlusten sicher, wenn nachmittags, nach Schluss des großen Essens, noch einem alten Faktotum oder dem Portierkind aufzudecken war. Aber nicht darin lag die Schwierigkeit, sondern zu Anfang, wenn die Flügeltür sich auftat. Im Hintergrund des großen Zimmers glitzerte der Baum. An den langen Tafeln war keine Stelle, von der nicht zumindest ein bunter Teller mit dem Marzipan und seinen Tannenzweigen lockte; dazu winkten von vielen Spielsachen und Bücher. Besser, nicht genau sich auf sie einzulassen. Ich hätte mir den Tag verderben können, wenn ich mich vorschnell auf Geschenke stimmte, die dann rechtmäßiger Besitz von andern wurden. Dem zu entgehen, blieb ich auf der Schwelle wie angewurzelt stehen, auf den Lippen ein Lächeln, von dem keiner hätte sagen können, ob der Glanz des Baumes es in mir erweckte oder aber der der mir bestimmten Gaben, denen ich mich, überwältigt, nicht zu nahen wagte. Aber am Ende war es ein

Drittes, was tiefer als die vorgetäuschten Gründe und sogar als mein echter mich bestimmte. Denn noch gehörten die Geschenke dort ein wenig mehr dem Geber als mir selbst. Sie waren spröde; groß war meine Angst, sie ungeschickt vor aller Augen anzufassen. Erst draußen auf der Diele, wo das Mädchen sie uns mit Packpapier umwickelte und ihre Form in Bündeln und Kartons verschwunden war, um uns an ihrer Statt als Bürgschaft ihr Gewicht zu hinterlassen, waren wir ganz der neuen Habe sicher. Das war nach vielen Stunden. Wenn wir dann, die Sachen fest eingeschlagen und verschnürt am Arm, in die Dämmerung hinaustraten, die Droschke vor der Haustür wartete, der Schnee unangetastet auf Gesimsen und Staketen, getrübter auf dem Pflaster lag, vom Lützowufer her Geklingel eines Schlittens anging und die Gaslaternen, die eine nach der andern sich erhellten, den Gang des Laternenanzünders verrieten, der auch an diesem süßen Feiertagabend seine Stange hatte schultern müssen – dann war die Stadt so in sich selbst versunken wie ein Sack, der schwer von mir und meinem Glück war.

15. DEZEMBER

RAINER MARIA RILKE

Brief an die Mutter

*Schloss Berg am Irchel, Kanton Zürich, Schweiz,
am 17. Dezember 1920*

Meine liebe Mama,
wieder zu unserer gesegneten Stunde das liebevollste Gedächtnis vergangenster Weihnachtstage und der Wunsch, es möchten Dir nun, nach so böser Zeit, mit jedem Jahr stillere Feste, friedlichere, und endlich auch wieder solche in einem kleinen, wirklich eigenen Heim vergönnt sein!

Da dies ausgesprochen ist, ist eigentlich alles ausgesprochen, denn nun heißt's nicht lesen, sondern in sich gehen und der heiligsten Feierstunde des Jahres die Krippe im eigenen Herzen bereiten, dass sie drin, und der Heiland in ihr, recht innig wieder zur Welt kommen möge!

Was ich Dir wünsche, liebe Mama, ist, dass an diesem weihevollen Abend das Erinnern aller Not, ja das Bewusstsein der nahen Sorge und Unsicherheit des Daseins ganz aufgehalten und gewissermaßen aufgelöst sein möchte in jenem innersten Wissen um die Gnade, der ja keine Zeit zu dicht im Verhängnis und keine Bangheit so verschlossen ist, dass sie nicht zu ihrer Zeit – die nicht die unsrige ist! – einzutreten und das scheinbar Unüberwindliche mit ihrem milden Sieg zu durchdringen wüsste. Es gibt keinen Moment im langen Jahre, wo man sich ihre immerfort mögliche Erscheinung und dann Allgegenwärtigkeit so lebhaft ins Gemüt zu rufen vermöchte, wie diese über die Jahrhunderte hin unabhängige Winternacht, die durch die unvergleichliche Hinzukunft jenes alle Wesen umwandelnden Kindes die Summe aller übrigen Erdennächte an Wert mit einem Schlag überwog und übertraf. Mag der leichte Sommer, wo das Dasein um ein Beträchtliches erträglicher und mühloser scheint, wo wir nicht so unmittelbarer Anfeindung aus der Luft und aus der heiter beschäftigten Natur uns zu erwehren haben –, mag der glücklichere Sommer uns mit Tröstungen verwöhnen – was sind sie alle gegen die unermesslichen Trostschätze dieser außen unscheinbaren, ja armen Nacht, die nach innen zu plötzlich offen steht wie ein alle umfassendes und wärmendes Herz und die wirklich mit

Schlägen ihres glockentönigen Herzens antwortet auf unser Hineinhorchen in den innersten Gewahrsam!

Alle Verkündigungen der Vor-Zeit reichten nicht hin, diese Nacht anzusagen, alle Hymnen, die zu ihrem Preise gesungen worden sind, reichten nicht an die Stille und Spannung heran, in der Hirten und Könige niederknieten – so wie ja auch wir, keiner von uns, je imstande gewesen ist, während diese Wunder-Nacht ihm geschieht, die Maße seines Erlebens anzugeben.

Es ist so recht das Mysterium von dem knienden, von dem tief knienden Menschen: dass er größer sei, seiner geistigen Natur nach, als der stehende! welches in der Nacht gefeiert wird. Der Kniende, der sich ganz ans Knien gibt, verliert allerdings das Maß seiner Umgebung, selbst aufschauend wüsste er nicht mehr zu sagen, was groß und was klein ist. Aber ob er gleich in seiner Abgebogenheit kaum die Höhe eines Kindes hat, so ist er, dieser Kniende, doch nicht klein zu nennen. Mit ihm verschiebt sich die Skala, denn er, indem er der eigentümlichen Schwere und Kraft in seinen Knien folgt und die Stellung einnimmt, die sich zu ihnen hinbezieht, gehört bereits zu jener Welt, in der Höhe – Tiefe ist, – und wenn schon Höhe unserem Blick und unseren Apparaten un-ermesslich bleibt –: Wer ermäße die Tiefe?

Dieses aber ist die Nacht der aufgetanen strahlenden Tiefe –: Möge sie Dir, liebe Mama, geweiht und gesegnet sein. Amen.

Für die Sechs-Uhr-Stunde der Weihnacht 1920.

René

16. DEZEMBER

NACH DEM PROPHETEN JESAJA

Verheißung des Messias

Das Volk, das im Finstern wandelt, sieht ein großes Licht, und über denen, die da wohnen im finstern Lande, scheint es hell, Du weckst lauten Jubel, du machst groß die Freude. Vor dir wird man sich freuen, wie man sich freut in der Ernte, wie man fröhlich ist, wenn man Beute austeilt. Denn du hast ihr drückendes Joch, die Jochstange auf ihrer Schulter und den Stecken ihres Treibers zerbrochen wie am Tage Midians. Denn jeder Stiefel, der mit Gedröhn dahergeht, und jeder Mantel, durch Blut geschleift, wird verbrannt und vom Feuer verzehrt.

    Denn uns ist ein Kind geboren, ein Sohn ist uns gegeben, und die Herrschaft ruht auf seiner Schulter; und er heißt Wunder-Rat, Gott-Held, Ewig-Vater, Friede-Fürst; auf dass seine Herrschaft groß werde und des Friedens kein Ende auf dem Thron Davids und in seinem Königreich, dass er's stärke und stütze durch Recht und Gerechtigkeit von nun an bis in Ewigkeit. Solches wird tun der Eifer des Herrn Zebaoth.

17. DEZEMBER

ÖDÖN VON HORVÁTH

Legende vom Fußballplatz

Es war einmal ein armer kleiner Bub, der war kaum sieben Jahre alt, aber schon loderte in ihm eine Leidenschaft: Er liebte den Fußball über alles. Bei jedem Wettspiel musst' er dabei gewesen sein: Ob Liberia gegen Haidhausen, ob Beludschistan gegen Neukölln – immer lag er hinter einem der Tore im Grase (meistens bereits lange vor Beginn) und verfolgte mit aufgerissenen runden Kinderaugen den mehr oder minder spannenden Kampf. Und wenn ein Spieler grob rempelte, ballten sich seine Händchen erregt zu Fäusten, und mit gerunzelter Stirne fixierte er finster den Übeltäter. Doch wenn dann vielleicht gar gleich darauf des Schicksals Laune (quasi als Racheakt) ein Goal schoss, so tanzte er begeistert und suchte strahlend all den anderen, die um ihn herum applaudierten, ins Antlitz zu schauen. Diese anderen, die neben ihm lagen, waren ja meistens schon um ein oder zwei Jahre älter, und andächtig horchte er, wenn sie sich in den ungeheuerlichsten hochdeutschen Fachausdrücken, die sie weiß Gott wo zusammengehört hatten, über die einzelnen Spieler und Clubs ergingen; ergriffen lauschte er trüben Weissagungen, bis ihn wieder ein wunderbar vollendet geköpfter Ball mit sich riss, dass sein Herz noch höher flog wie der Ball.

So saß er oft im nassen Grase. Stundenlang.

Der Novemberwind schmiegte sich an seinen schmalen Rücken, als wollt' er sich wärmen, und hoch über dem Spielplatz zog die Fieberhexe ihre Raubvogelkreise.

Und als der Schlusspfiff verklungen war, da dämmerte es bereits; der kleine Bub lief noch einmal quer über das Feld und ging dann allein nach Hause. In den leeren Sonntagsstraßen war es ihm einige Male, als hörte er Schritte hinter sich: als schliche ihm jemand nach, der spionieren wolle, wo er wohne. Doch er wagte nicht umzuschauen und beneidete den Schutzmann, der solch große Schritte machen konnte. Erst zu Hause, vor dem hohen grauen Gebäude, in dem seine Eltern den Gemüseladen hatten, sah er sich endlich um: Ob es vielleicht der dicke Karl ist, mit dem er die Schulbank teilt und der ihn nie in Ruhe lässt – aber es war nur ein dürres Blatt, das sich mühsam die Straße dahinschleppte und sich einen Winkel suchte zum Sterben.

Und am Abend in seinem Bette fror er trotz tiefroter Backen; und dann hustete er auch, und es hob ihn vornüber, als haute ihm der dicke Karl mit der Faust in den Rücken.

Nur wie durch einen Schleier sah er seiner Mutter Antlitz, die am Bettrande saß und ihn besorgt betrachtete; und er hörte auch Schritte im Zimmer, langsame, hin und her: das war der Vater.

Der Nordwind hockte im Ofenrohr, und zu seinem Gesumm fingen Regenbogen an, einen Reigen um ihn zu tanzen. Er schloss die Augen. Da wurd' es dunkel. Und still. Doch nach Mitternacht wich plötzlich der Schlaf, und feine Fingerknöchelchen klopften von außen an die Fensterscheibe – und er hörte seinen Namen rufen – „Hansl!", rief eine sanfte Stimme – „Hansl!"

Da erhob sich der kleine Bub aus seinem Bette, trug einen Stuhl vor das Fenster, erkletterte ihn und öffnete: Draußen war tiefe stille Nacht; keine Trambahn läutete mehr, und auch die Gaslaterne an der Ecke war schlafen gegangen und – vor seinem Fenster im vierten Stock schwebte ein heller Engel; der ähnelte jenem, welcher Großvaters Gebetbuch als Spange umschloss, nur dass er farbige Flügel hatte: der linke blau und gelb: das waren die Farben des Fußballvereins von Oberhaching; der rechte rosa und grün: das waren die Farben dessen von Unterhaching; seine schmalen Füße staken in purpurnen Fußballschuhen, an silberner Sternenschnur hing um seinen Schwanenhals eine goldene Schiedsrichterpfeife, und in den durchsichtigen Händen wiegte sich ein mattweißer Fußball.

„Schau", sprach der Engel – „schau!" – und köpfte den Ball kerzengerade in die Höhe; der flog, flog – bis er weit hinter der Milchstraße verschwand.

Dann reichte der Himmlische dem staunenden Hansl die Hand und lächelte: „Komm mit – zum Fußballwettspiel –" Und Hansl ging mit.

Wortlos war er auf das Fensterbrett gestiegen, und da er des Engels Hand ergriffen, da war es ihm, als hätte es nie einen dicken Karl gegeben. Alles war vergessen, versank unter ihm in ewigen Tiefen – und als die beiden an der Milchstraße vorbeischwebten, fragte der kleine Bub: „Ist es noch weit?"

„Nein", lächelte wieder der Engel, „bald sind wir dort."

Und weil Engel nie lügen, leuchtete bald durch die Finsternis eine weiße rechteckige Fläche, auf die sie zuflogen. Anfangs glaubte Hansl, es wäre nur ein Blatt unliniertes Papier, doch kaum, dass er dies gedacht hatte, erfasste sein Führer auch schon den Rand; nur noch ein Klimmzug – und es war erreicht!

Doch wie erstaunte da der kleine Bub!

Aus dem Blatt unliniertem Papier war eine große Wolke geworden, deren Oberfläche ein einziger herrlich angelegter Fußballplatz war; auf buntbewimpelten Tribünen saßen Zuschauer, wie sie in solcher Zahl unser Kleiner noch bei keinem Wettspiel erlebt hatte. Und das ganze Publikum erhob sich zum Gruß, und aller Augen waren voll Güte auf ihn gerichtet, ja selbst der Aufseher, der ihn doch sonst immer sofort hinter das Tor in das nasse Gras trieb, führte ihn unter fortwährenden Bücklingen auf seinen Platz: Tribüne (!) Erste Reihe (!!) Mitte (!!!)

„Wie still nur all die Leute sind!", meinte der kleine Bub.

„Sehr recht, mein Herr", lispelte der Aufseher untertänig, „dies sind ja auch all die seligen Fußballwettspielzuschauer."

Unten am Rasen losten die Parteien nun um die Sonne-im-Rücken-Seite und – „das sind die besten der seligen Fußballspieler", hörte Hansl seinen Nachbar sagen; und als er ihn ansah, nickte ihm dieser freundlich zu: Da erkannte er in ihm jenen guten alten Herrn, der ihn einst (als Borneo gegen Alaska verlor) vor dem dicken Karl verteidigte; noch hielt er den Rohrstock in der Hand, mit dem er dem Raufbold damals drohte. Wie der dann lief!

Unermessliche Seligkeit erfüllte des armen kleinen Buben Herz. Das Spiel hatte begonnen um, nimmermehr beendet zu werden, und die zweiundzwanzig spielten, wie er noch nie spielen sah. Manchmal kam es zwar vor, dass der eine oder andere dem Balle einfach nachflog (es waren ja auch lauter Engel), doch da pfiff der Schiedsrichter (ein Erzengel) sogleich ab: wegen unfairer Kampfesweise.

Das Wetter war herrlich. Etwas Sonne und kein Wind. Ein richtiges Fußballwetter.

Seit dieser Zeit hat niemand mehr den armen kleinen Buben auf einem irdischen Fußballplatze gesehen.

DEZEMBER

MATTHIAS CLAUDIUS

Ein Lied hinterm Ofen zu singen

Der Winter ist ein rechter Mann,
kernfest und auf die Dauer;
sein Fleisch fühlt sich wie Eisen an
und scheut nicht süß noch sauer.

War je ein Mann gesund, ist er's;
er krankt und kränkelt nimmer,
weiß nichts von Nachtschweiß noch Vapeurs
und schläft im kalten Zimmer.

Er zieht sein Hemd im Freien an
und lässt's vorher nicht wärmen;
und spottet über Fluss im Zahn
und Kolik in Gedärmen.

Aus Blumen und aus Vogelsang
weiß er sich nichts zu machen,
hasst warmen Drang und warmen Klang
und alle warmen Sachen.

Doch wenn die Füchse bellen sehr,
wenn's Holz im Ofen knittert,
und um den Ofen Knecht und Herr
die Hände reibt und zittert;

wenn Stein und Bein vor Frost zerbricht
und Teich und Seen krachen;
das klingt ihm gut, das hasst er nicht,
denn will er sich totlachen. –

Sein Schloss von Eis liegt ganz hinaus
beim Nordpol an dem Strande;
doch hat er auch ein Sommerhaus
im lieben Schweizerlande.

Da ist er denn bald dort, bald hier,
gut Regiment zu führen.
Und wenn er durchzieht, stehen wir
und seh'n ihn an und frieren.

19. DEZEMBER

JOACHIM RINGELNATZ

Was würden Sie tun …

Was würden Sie tun, wenn Sie das neue Jahr
regieren könnten?

Ich würde vor Aufregung wahrscheinlich
Die ersten Nächte schlaflos verbringen
Und darauf tagelang ängstlich und kleinlich
Ganz dumme, selbstsüchtige Pläne schwingen.

Dann – hoffentlich – aber laut lachen
Und endlich den lieben Gott abends leise
Bitten, doch wieder nach seiner Weise
Das neue Jahr göttlich selber zu machen.

DEZEMBER

WALTER MÜLLER

Meine zwei Adventkalender

Ich habe heuer, diesen Luxus leiste ich mir, zwei Adventkalender. Der eine ist genau so, wie Adventkalender halt sind – mit einem schönen weihnachtlichen Motiv vorne drauf: einem hell erleuchteten Häuschen am Waldesrand mit viel Schnee und einem Schlitten voller Päckchen davor… und mit zwei Dutzend von eins bis vierundzwanzig nummerierten Fensterchen. Wenn man dann – am jeweiligen Tag natürlich – ein Fenster öffnet, findet man einen Schneekristall, eine Wunderkerze oder einen himmlischen Stern. Wie in einem richtigen Adventkalender. Es ist ja auch ein richtiger Adventskalender. Ich hab ihn an meine Wohnungstüre geklebt, innen, eine Handbreit über dem Türgriff. Und jedes Mal, bevor ich am Morgen meine Wohnung verlasse, öffne ich ein Fenster.

Mein zweiter Adventkalender sieht in Wirklichkeit auch wie ein richtiger Adventkalender aus. Genau genommen schaut er dem ersten zum Verwechseln ähnlich. Das gleiche weihnachtliche Bild vorne drauf, mit dem Häuschen, dem Schlitten und dem Schnee. Gleich groß, gleich bunt. Gleich teuer war er auch; aber das nur am Rande.

Beim zweiten Adventkalender – macht mir das bloß nicht nach! – hab ich noch vor dem ersten Dezembertag die Rückwand mit den kleinen Bildern hinter den Fensterchen entfernt. Und wenn ich jetzt so ein Adventkalenderfenster öffne, finde ich - nichts! Keinen Schneekristall, keine Wunderkerze und keinen himmlischen Stern. Ich kann durch das Fenster durchschauen, wie durch ein richtiges Fenster. Diesen zweiten Adventkalender hab ich an mein Schlafzimmerfenster geklebt. Jeden Tag, gleich nach dem Aufwachen, öffne ich einen der vierundzwanzig winzig kleinen Fensterläden und schaue hinaus auf die Straße vor meiner Wohnung.

Einmal sah ich, wie gerade der Müllwagen vor unserem Haus stehen blieb und Berge von Müll in sich hineinschluckte. Ich sah auch schon Kinder mit schweren Schultaschen und sehr blassen Gesichtern Richtung Schule laufen. Ehepaare miteinander streiten. Autofahrer, die einander beschimpften, bloß weil der eine in dieselbe Parklücke einbiegen wollte wie der andere. Einen Rettungswagen, der einen Kranken abholte. Viele müde Menschen hab ich schon gesehen, durch meine Adventkalenderfensterchen, ein paar zufriedene, ein paar traurige, Menschen wie... dich und mich.

Kurz und gut: Durch die Fensterchen in meinem Adventkalender, der am Schlafzimmerfenster klebt, sehe ich ein kleines Stück von der ganz gewöhnlichen Welt da draußen. Manchmal macht mich das fröhlich, manchmal, ziemlich oft sogar, nachdenklich, je nachdem.

Heute früh hab ich durch das Adventkalenderfenster einen Mann gesehen... hat ganz schön geschwankt; ich fürchte, der hat wohl viel zu viel getrunken, letzte Nacht. Vielleicht ist er einsam gewesen, verzagt, verzweifelt – Freundin verloren, den Job, die Wohnung, den Sinn des Lebens aus den Augen verloren... was weiß ich!

In meinem Tür-Adventkalender, dem ganz normalen, wie ihr ihn wohl auch zu Hause habt, war ein Engel abgebildet, einer mit weißen Locken und goldenen Flügeln. Herrlich, lieblich, wunderschön. Ein Vorbote vom großen Weihnachtsfest.

Seit ich zwei Adventkalender habe, diesen Luxus leiste ich mir, kann ich beides sehen: den Alltag vor meinem Fenster, aber auch die Tannenzweige, die Lichter, die Engel und – in ein paar Tagen schon – das Kind in der Krippe,

Ich gehe jetzt öfter lächelnd aus dem Haus, den Stern und den Wunderkerzenschein vom Tür-Adventkalender in meinem Herzen. Vielleicht begegnet mir ja gerade heute, draußen auf der Straße, einer, den ich durch das andere Adventfensterchen schon gesehen habe...

21. DEZEMBER

HERBERT ROSENDORFER

Der Weihnachtsdackel

Der 24. Dezember war in jenem Jahr, an das Besenrieders zeit ihres Lebens nur mit Schaudern zurückdenken, ein Freitag. Streng genommen hatte Günther Besenrieder – ein durch nichts sich von anderen Beamten unterscheidender Oberinspektor beim städtischen Eichamt – am Vormittag noch Dienst, aber das war kein echter Dienst, denn erstens: Wer kommt am 24. Dezember ins Eichamt? Und zweitens: Der Amtmann Grünauer hatte eine Bowle und Plätzchen von daheim mitgebracht und verfügte die Abhaltung einer Weihnachtsfeier. Jeder versuchte einen höflichen Schluck der von Frau Amtmann Grünauer liebevoll zubereiteten Bowle und besorgte sich dann heimlich ein Bier. Grünauer war beleidigt, als er die Bowle wieder mit heim nehmen musste, und wünschte nur: „Schönes Wochenende!", und nicht: „Frohe Feiertage!"

Bei dem nachtragenden Amtmann verhieß das für das Betriebsklima der nächsten Woche nichts Gutes, aber das war das wenigste an den Turbulenzen dieser Tage, vor allem weil Besenrieder – was er naheliegenderweise noch nicht ahnte – nicht Gelegenheit hatte, an der grantigen Woche Grünauers zwischen den Weihnachtsfeiertagen und Silvester teilzunehmen. „Ich hätte Grünauers Grant gern in Kauf genommen, wenn ich das alles nicht hätte erleben müssen", sagte Besenrieder später oft.

Gegen zwei Uhr kam Besenrieder heim. Frau Besenrieder hatte ihn um zwölf Uhr erwartet. „Und zwar nüchtern!", sagte sie und fügte einen größeren Schwall Wörter hinzu: wie er sich das denke, ob sie alles allein machen solle, dass noch kein Baum geschmückt sei, dass man noch auf den Friedhof und zu den Eltern fahren müsse und dass die Kinder seit dem Aufwachen unausstehlich seien und das erste Mal kurz nach acht Uhr gefragt hätten, wann endlich das Christkind käme.

Besenrieder stellte seine Aktentasche auf das Vertiko im Flur.

„Du sollst nicht immer die Aktentasche auf das Vertiko stellen", schrie Frau Besenrieder, „dass du dir das nicht merken kannst."

Der kleinere Besenrieder-Knabe schaute aus dem Kinderzimmer und krächzte: „Kommt jetzt das Christkind?"

Besenrieder stellte die Aktentasche unter das Vertiko und sagte: „Es hilft nichts: Ich muss noch einmal fort. Dein Weihnachtsgeschenk ..."

Frau Besenrieder stieß einen Schrei aus, heulte: „Ich werde wahnsinnig!" und rekapitulierte in rascher Folge, welche Katastrophen hauptsächlich durch Verschulden ihres Mannes in den vergangenen Jahren zu Weihnachten über die Familie hereingebrochen waren: damals, im ersten Ehejahr, wo Besenrieder nicht daran gedacht hatte, dass in dem jungen Hausstand noch kein Christbaumständer vorhanden war, und wo dann nichts anderes übriggeblieben war, als die obersten Zweige des Christbaums mit Reißnägeln an die Decke zu heften; und dann das Jahr, wo Besenrieder steif und fest behauptet hatte, der Christbaumverkauf ende am 24. um 12 Uhr, und man bekomme in den letzten Stunden die schönsten Bäume um eine Mark, und in Wirklichkeit endete der Christbaumverkauf am 23. abends, und Frau Besenrieder sei damals mit dem Auto 66 Kilometer kreuz und quer durch die Stadt gefahren, und um halb fünf Uhr am Heiligen Abend habe sie durch Zufall einen Großhändler in Waldperlach gefunden, der zufällig noch in seinem Geschäft war und grad mit seiner Sekretärin ein sehr zweideutiges Weihnachtsfest gefeiert habe; der Großhändler habe seine Hose unwillig zugeknöpft und ihr – Frau Besenrieder –, weil sie Tränen in den Augen gehabt habe, einen Krüppel von Fichte für vierzig Mark verkauft, und das auch noch unter der Bedingung, dass sie zwei Steigen schon sehr weicher Tomaten – die Steige zu elf Mark – mit dazunahm, aus denen sie dann einen Tomatenauflauf gemacht habe, von dem der Familie noch zu Dreikönig schlecht war. Günther Besenrieder setzte sich still in die Wohnküche und rülpste.

Natürlich war es bei der Feier im Eichamt nicht bei der einen Flasche Bier geblieben. Aber eigentlich betrunken war Besenrieder nicht, nur flau war ihm im Magen. Das kam wahrscheinlich davon, dass er sich verpflichtet gefühlt hatte, wenn er schon nicht die Bowle trank, wenigstens die Plätzchen der Frau Amtmann Grünauer zu essen.

Nach einiger Zeit beruhigte sich Frau Besenrieder. Während Günther Besenrieder mit dem älteren Sohn den Baum aufstellte und schmückte, erledigte Frau Besenrieder mit dem jüngeren den Besuch bei ihren Eltern und am Friedhof, und als sie gegen vier Uhr zurückkam, war es schon dunkel, auf den Straßen war es ruhig geworden, leiser Schnee rieselte, aus manchen Fenstern schimmerten schon Kerzen, und Friede und Ruhe und der Duft von gebratenen Äpfeln senkten sich auf die Welt.

„So", sagte Günther Besenrieder, gab seiner Frau einen weihnachtlichen Kuss und ging. In längstens 20 Minuten, sagte er, sei er wieder da. Er müsse das Geschenk für seine Frau holen, ein sehr schönes, eigenartiges Geschenk, das seiner Art nach leider ungeeignet gewesen sei, in der Wohnung versteckt zu werden. Auch die Kinder, sagte Besenrieder, würden sich darüber freuen.

Im Stiegenhaus – das ist für die Geschichte nicht ohne Bedeutung – überholte Besenrieder das ältliche Ehepaar Astfeller aus dem Stock drüber. Astfellers schleppten Koffer und größere Pakete. Weihnachtlich weich half Besenrieder bis zur Haustür tragen, wo ein Taxi wartete. Besenrieder wünschte frohe Feiertage. Astfellers dankten und erwähnten, dass sie nach Bad Aibling zu ihrer dort verheirateten Tochter führen, um mit der und den Enkeln das Fest zu verbringen. Erst am Neujahrstag würden sie zurückkehren.

Als Besenrieder 20 Minuten später mit dem Dackel zurückkam, begegneten ihm die Eheleute Geist, die neben Besenrieders wohnten.

„Oh", sagte Frau Bundesbahnexpedientin a. D. Geist, „haben Sie jetzt ein Hundchen? Oh, wie süß."

„Das Weihnachtsgeschenk für meine Frau", sagte Besenrieder.

„Lieb schaut er", sagte Herr Bundesbahnexpedient a. D. Geist. Dann wünschte Besenrieder dem Ehepaar Geist frohe Feiertage und erfuhr mit den Gegenwünschen, dass Geists die Feiertage bis Silvester bei ihrem Sohn in Deisenhofen zubringen wollten und dass es jetzt langsam pressiere, weil man doch, noch dazu wo es zu schneien angefangen habe und man nicht zu schnell fahren könne, eine gute halbe Stunde nach Deisenhofen hinaus brauche und weil man rechtzeitig zur Bescherung da sein wolle.

Günther Besenrieder hatte den Dackel – Adolar von Königsbrunn – nebst Stammbaum bereits in den ersten Dezembertagen in einer Tierhandlung erworben und bezahlt. »Aber es soll natürlich eine Überraschung für meine Frau werden«, hatte Besenrieder gesagt, worauf ihm der Tierhändler anbot, gegen einen bescheidenen Verköstigungssatz das Tier bis zum Heiligen Abend bei sich zu behalten. Besenrieder könne Adolar auch noch am Nachmittag dieses Tages abholen, er, der Tierhändler, habe keine Familie und hasse Weihnachten. Er sitze am 24. Dezember sicher bis sieben Uhr im Laden und mache den Jahresabschluss der Buchhaltung, das könne er, da in der Zeit von Weihnachten bis Silvester erfahrungsgemäß höchstens ein paar Mehlwürmer von Aquarienfreunden gekauft werden, und diese paar Mehlwürmer nehme er buchhalterisch und mehrwertsteuerlich ins neue Jahr hinüber. Übrigens sei der Käufer nicht verpflichtet, den Hund „Adolar" zu rufen. Der Hund höre nicht auf diesen Namen, auch nicht auf „von Königsbrunn". In den seltensten Fällen würden die Hunde mit ihrem Namen aus dem Stammbaum gerufen. Für Dackel empfehle sich „Waldi" oder „Purzel".

Besenrieder beschloss, die Rufnamensfrage seiner Frau zu überlassen, setzte den Hund vor der Wohnungstür auf den Boden und band ihm eine große rote Schleife aus Stoff um, mit Goldrand, wie man sie sonst für Weihnachtspakete verwendet. Dem Dackel war die Schleife unangenehm, und er versuchte, sie durch Winden des Halses und Pfotenkratzen von seinem Hals zu entfernen. Vielleicht, dachte Besenrieder, ist die Schleife zu eng. Er beugte sich nochmals zum Hund hinunter, fasste nach der Schleife, aber da knurrte der Dackel und bellte laut.

Das hörte Frau Besenrieder, machte die Tür auf, schlug die Hände über dem Kopf zusammen, rief:

„Nein, wie niedlich."

Die Kinder kamen gerannt, Besenrieder sagte:

„Adolar heißt er, aber wir können ihn noch umtaufen."

Der Dackel rannte in den Flur, rieb den Hals am Vertiko, warf es fast um und brachte es fertig, die Schleife vom Hals zu zerren.

Alle anderen Geschenke traten in ihrer Bedeutung hinter Adolar zurück. Selbst die Kerzen am Christbaum – was später, wie sieh zeigte, förmlich lebensrettend war – wurden nach wenigen Minuten wieder ausgeblasen. Die Weihnachtssendung im Fernsehen wurde ausgeschaltet. Alle vier Besenrieder setzten sich auf den Boden und betrachteten den Dackel.

Der Dackel knurrte.

„Es ist ihm noch ungewohnt", sagte der älteste Bub.

„Ist er stubenrein?", fragte Frau Besenrieder.

„Selbstverständlich", sagte Günther Besenrieder. Aber wahrscheinlich war die Erziehung des Dackels nicht davon ausgegangen, dass in der Stube, die ein Hund rein zu halten hat, ein Baum steht, nämlich der Christbaum, und er hob das Bein. Aber das war noch das wenigste. Kurz darauf – Frau Besenrieder hatte einen Kübel und einen Putzlumpen geholt, um Adolars oder Waldis oder Purzels, je nachdem, Duftmarke aufzuwischen – schaute der Hund den kleineren der Besenrieder-Buben mit gesenktem Kopf von unten her an, knurrte nicht nur, sondern fletschte die Zähne.

Der Bub flüchtete zur Mutter. Die Mutter stellte den Kübel hin (ein Glück im Unglück, wie sich bald zeigte) und nahm den Buben hoch.

„Der Hund ist noch nicht an Kinder gewöhnt", sagte Herr Besenrieder.

„Er spuckt Bier", sagte der ältere Bub.

„Was?"

Adolar knurrte, Pfau Besenrieder schrie auf:

„Er hat Schaum vor dem Mund." Adolar kläffte kurz und heiser zum Buben auf Frau Besenrieders Arm hinauf. Frau Besenrieder flüchtete hinter den Christbaum:

„Tu den Hund hinaus – Günther... Günther...!" Jetzt brüllte auch der größere Bub. Der Dackel drehte sich im Kreis und rollte die Augen. Frau Besenrieder stieg auf einen Sessel und sagte:

„Er hat die Tollwut!"

„Unmöglich", wollte Herr Besenrieder sagen und auf das Zertifikat verweisen, das er vom Tierhändler über die tadellose Gesundheit des Hundes bekommen hatte. Besenrieder kam aber nur bis „Unmö", da fasste der Dackel ihn ins Auge und – es sei das Fürchterlichste in der ganzen Sache gewesen, erzählte Besenrieder später, als er nach der Scheidung wieder öfters im Gasthaus saß und die Geschichte des Abends zum besten gab – und schielte. Der Dackel schielte wie ein Dämon, nahm einen Anlauf, raste auf Besenrieder zu. Besenrieder riss geistesgegenwärtig die Wohnzimmertür auf, sprang in die Höhe, der Dackel schoss unter ihm durch hinaus auf den Flur, Besenrieder schlug die Tür zu.

„Dreh den Schlüssel um!", kreischte Frau Besenrieder.

„Er kann doch die Tür nicht aufmachen", sagte Besenrieder.

„Dreh den Schlüssel um", schrie Frau Besenrieder einen halben Ton höher.

Da drehte Herr Besenrieder den Schlüssel um, und die Belagerung hatte begonnen. Von weihnachtlicher Stimmung war natürlich keine Rede mehr.

„Wir müssen die Polizei anrufen", sagte Frau Besenrieder.

„Wie denn?", sagte Besenrieder, „das Telefon ist im Flur." Die Lebensmittel waren in der Küche. Zum Glück hatte Besenrieder den Christbaum üppig mit Fondants und Russisch Brot geschmückt. Das half über die ersten Tage.

Klopfen an den Wänden war sinnlos. Besenrieder hatte ja gesehen, dass sowohl Astfellers als auch Geists verreist waren.

Sie schrien aus dem Fenster. Entweder hatten alle anderen Leute ihre Fenster fest verrammelt, oder der immer stärker fallende Schnee erstickte das Rufen, jedenfalls antwortete niemand.

Nur einmal zeigte sich im ersten Stock im Haus auf der gegenüberliegenden Straßenseite eine alte Frau. Besenrieder brüllte und winkte. Die alte Frau winkte zurück, öffnete sogar das Fenster einen Moment und schrie: „Danke – ebenfalls frohe Feiertage."

Als die Fondants und das Russisch Brot aufgegessen waren, aßen Besenrieders die Kerzen.

Der Hund – wie sich Besenrieder durch gelegentliche kühne Spähblicke durch den Türspalt überzeugte – ernährte sich vom Teppich des Flurs und, nachdem er ihn aufgefressen hatte, von zwei Paar Schuhen. Es schien ihm nicht nur zu schmecken, sondern sogar zu bekommen. Herr Besenrieder hatte nach drei Tagen den Eindruck, der Dackel sei merklich gewachsen.

Hunger ist bekanntlich eher zu ertragen als Durst. Im Wohnzimmer war kein Wasserhahn, aber zum Glück war ja der Eimer Aufwischwasser da, und außerdem stand der Christbaum – damit er nicht so schnell nadelte – in einer großen Schüssel mit Wasser.

Als das Wasser ausgetrunken war, musste man wohl oder übel an die Spirituosen gehen, die in der Herrenkommode verwahrt wurden. Die Familie trank im Lauf der Tage drei Flaschen Wermut, eine Flasche Bourbon, zwei Flaschen Scotch, eine Flasche Steinhäger und etliche Flaschen Wein aus. Das hatte den Vorteil, dass die Kinder fast ständig schliefen und dass über Herrn und Frau Besenrieder zeitweilig eine heitere Gelassenheit kam. (Wovon der Dackel seinen Durst stillte, war unklar. Wahrscheinlich, vermutete der ältere Besenrieder-Sohn, ist die Badezimmertür offen, und die Bestie trinkt aus dem Klo.)

Trotz heiterer Gelassenheit waren die gruppendynamischen Verhältnisse im Wohnzimmer verheerend. Herr Besenrieder erfuhr im Lauf dieser Tage vielfach und in immer rascher werdenden Wiederholungen alles, was er in der Ehe falsch gemacht hatte, Zorn- und Tränenausbrüche wechselten ab mit Selbstmorddrohungen:

„Ich geh' hinaus auf den Flur und lasse mich von der Bestie zerfleischen."

Und Besenrieder wurde durch die Schraubstocksituation auch nicht gerade ein Engel. Die Eheleute nagten sich seelisch ab bis auf die Knochen. Zum Schluss vergaß sich Besenrieder bis zu einer Ohrfeige, die er seiner Frau gab. Besenrieder tat die Ohrfeige zwar sofort leid, er stand da wie erstarrt. Die Kinder weinten. Frau Besenrieder sagte nur: „So!", ergriff die letzte Flasche Sliwowitz und stürzte mit dem Viertelliter, der darin war, alles in sich hinunter, was es an Flüssigkeit noch in dem Zimmer gab. „Paula!", rief Günther.

Zu spät. In jeder Hinsicht zu spät. Als Adolar von Königsbrunn am Abend des Neujahrstages endlich doch verhungerte, verließ Frau Besenrieder das Wohnzimmer nur, um ungerührt über die Dackelleiche hinwegzusteigen, im Schlafzimmer ihren Koffer zu packen und zu ihren Eltern zurückzukehren. Die Kinder holte sie einige Tage später, am selben Tag, als gegen Besenrieder ein Disziplinarverfahren wegen unentschuldigten Fehlens eingeleitet wurde.

Als Besenrieder vor dem Disziplinarausschuss die Sache mit Adolar erzählte, lachte der Vorsitzende fürchterlich, sagte, das sei ohne Zweifel die originellste Ausrede, die er je gehört habe. Geglaubt wurde Besenrieder nicht.

Die Scheidungskosten und der Versorgungsausgleich fraßen Besenrieders Ersparnisse auf. Als er den Schadensersatzprozess gegen den Tierhändler verlor, musste er, um die Verfahrenskosten zahlen zu können, sein Auto verkaufen.

Er kam nach der Entlassung aus dem Dienst als Pfleger in einem Tierasyl unter. Immerhin verdiente er so viel, dass er abends in einer billigen Wirtschaft ein paar Bier trinken konnte. Auch den Heiligen Abend verbrachte er regelmäßig in dieser Wirtschaft. Sie hieß „Sporteck". In vorgerückter Stunde pflegte er den anderen Elendsexistenzen die Geschichte vom Dackel Adolar und von der Tollwut zu erzählen. Sie war stets ein Lacherfolg.

22. DEZEMBER

TOMI UNGERER

Eine genaue Untersuchung

Aus Deutschland erhielten wir einen Adventskalender, einen von diesen modernen. Früher enthüllten die 24 kleinen bunten Fenster ein Bild, der neue Kalender aber war aus Plastik, und in jedem Fenster lag ein kleines Stückchen Schokolade.

Wir haben drei Kinder, eine neunjährige Tochter und zwei Söhne, fünf und sieben Jahre alt. Da wir nur einen Kalender hatten, durfte jedes Kind alle drei Tage ein Fenster öffnen.

Mitte Dezember machten wir eine schreckliche Entdeckung: Alle Fenster waren geöffnet, und die Schokoladenstückchen fehlten. Jemand hatte den Weihnachtskalender geplündert. Dieser Vorfall erforderte eine neue Untersuchung.

Ein schlimmes Verbrechen war geschehen. Folgende Todsünden waren begangen worden: Diebstahl, Gefräßigkeit und Rücksichtslosigkeit. Nach dem Abendessen wurden die Kinder befragt und einem scharfen Verhör unterzogen. Aber niemand gab etwas zu, alle schauten mich mit reinen Unschuldsmienen an. Die Untersuchung wurde in meinem Arbeitszimmer fortgesetzt. Einer nach dem anderen wurde befragt.

„Sieh mal, dies ist eine ernste Angelegenheit, aber hab keine Angst. Wenn du mir die Wahrheit sagst, wirst du dich gleich besser fühlen." Aber auch mit dieser raffinierten Taktik kam Vater Poirot keinen Schritt weiter.

Dann ging es wieder an den Esstisch, der in der Zwischenzeit abgeräumt worden war. Freunde hatten uns eine Pralinenschachtel geschenkt. Ich nahm diese Schachtel und öffnete sie. „Hmm! Seht nur diese herrlichen Süßigkeiten! Echte Schweizer Pralinés. Es gibt in der Welt keine besseren." Ich nahm ein Praliné und hielt es zwischen Daumen und Zeigefinger gegen das Kerzenlicht; drei gierige Augenpaare verschlangen es beinahe. „Und jetzt", sagte Vater Poirot, „wer mir jetzt die Wahrheit sagt und zugibt, dass er die Schokolade aus dem Kalender geklaut hat, den werde ich mit einem Praline belohnen. Das ist wohl das erste Mal, dass eine Freveltat in aller Öffentlichkeit belohnt wird." Es wurde still.

Dann brach ein lauter Streit zwischen den beiden Jungen los: „Ich habe mehr genommen als du!" – „Nein, ich habe die meisten genascht." Und sie zeigten auf jedes Fenster, das sie aufgebrochen hatten. „Hier, die habe ich geöffnet." – „Und die habe ich genommen." Der Krach ging eine ganze Weile weiter.

Vater Poirot verwandelte sich in König Salomon und sagte mit lauter Stimme: „Seid endlich ruhig! Dies ist ein friedliches Haus. Wir wollen nicht streiten und uns zanken. Da jetzt klar ist, dass ihr zwei Jungen die schändliche Tat begangen habt, wird jeder von euch ein Praliné bekommen. Hier, nehmt sie."

„Und unsere brave Tochter, hier in der Ecke – sie bekommt die ganze Schachtel mit den köstlichen Pralinés, die so auf der Zunge zergehen."

Mutter applaudierte, die Buben aber heulten vor Wut. Der eine warf sich in hysterischem Zorn auf den Boden, und der andere stampfte wütend mit den Füßen auf den Boden, während er einen Strom von Tränen vergoss.

Ich persönlich mache mir nichts aus Süßigkeiten. Irischer Whiskey ist meine große Schwäche. Und mit einem kräftigen Schluck aus dem Glas beendete ich den Fall und trank auf das kommende Fest, den Frieden und auf die immerwährende Gerechtigkeit auf Erden.

23. DEZEMBER

MARGRET RETTICH

Die Kirchengeschichte

Zu Weihnachten ist unsere Kirche hier im Dorf immer knüppeldickevoll. Da gehen auch die hinein, die sich sonst das ganze Jahr hindurch nicht sehen lassen. Manche schicken bereits eine Stunde vorher ihre Kinder, die müssen gute Plätze freihalten. Früher saßen die Männer auf der Empore und die Frauen unten im Kirchenschiff. Jetzt darf man sich hinsetzen, wo man will. Man muss nur aufpassen, dass man nicht hinter die Säulen zu sitzen kommt, denn dort sieht man nicht gut.

Alles ist feierlich und eindrucksvoll. Neben dem Altar steht ein hoher Tannenbaum mit vielen elektrischen Kerzen. Oben an der Balustrade stellt sich der Posaunenchor auf und bläst zur Einleitung. Es klingt etwas falsch, sie sagen, das kommt von der Kälte, aber im Sommer ist es nicht anders. Dann singt der Männergesangverein, und die Orgel spielt fast die ganze Zeit.

Unser neuer Pastor will alles noch eindrucksvoller und feierlicher haben. Darum sagt er nach der Predigt: „Und nun hört alle gut zu, liebe Gemeinde, Männer, Frauen und Kinder, wir singen jetzt gemeinsam das Lied ‚Vom Himmel hoch'. Eine Strophe davon wird uns die Orgel spielen, die nächste singen wir, na, und so weiter. Habt ihr mich verstanden?"

Ja, wir meinen schon. Die Orgel ist bereits bei der ersten verschlungenen Einleitung, aus der heraus wir die Melodie erkennen. Wir wissen nicht genau, ob das schon als erste Strophe gilt oder ob es noch das Vorspiel ist. Und überhaupt, sollen wir den Text der ersten oder den der zweiten Strophe singen? Warten wir erst mal ab, was der Pastor macht. Die Orgel schweigt, und wir schweigen auch. Der Pastor singt allein. Er hat eine schöne, laute Stimme. Als er merkt, dass wir zögern, hebt er mit den Händen einen unsichtbaren Täufling – so sieht das jedenfalls aus. Wir singen immer ein wenig hinter ihm her, so brauchen wir nicht ins Gesangbuch zu schauen, sondern nur auf seinen Text zu hören. Aha, er singt mit uns die erste Strophe. Danach setzt wieder die Orgel ein. Leider singen ein paar, die vorher nicht aufgepasst haben, jetzt weiter und hören erst auf, nachdem der Pastor mit den Händen gewedelt hat.

Doch die Überraschung, die alles noch eindrucksvoller und feierlicher macht, soll erst kommen. Kurz vor dem Gottesdienst hat der neue Pastor zu Fritz Wille gesagt: „Du gehst in die Sakristei an den Schalterkasten. Wenn du hörst, dass wir die erste Strophe ‚Vom Himmel hoch' singen, machst du das Licht über dem Eingang aus, bei der zweiten Strophe das Licht im rechten Seitenschiff, bei der dritten das im linken. Dann kommen die beiden Seiten der Empore an die Reihe und schließlich nacheinander die drei großen Leuchter im Mittelschiff. Die letzte Strophe singen wir nur im Schein der Kerzen am Christbaum. Ist das klar?"

Der Pastor hat sich alles gut ausgedacht, und wenn es geklappt hätte, wären wir sicher sehr beeindruckt gewesen. Leider war Fritz Wille vordem noch nie in der Sakristei. Nachdem der Pastor weg ist, sieht er sich erst einmal um. Den Schalterkasten findet er schnell, aber da sind so viele Hebel und Knöpfe, dass er nicht weiß, welcher davon für welches Licht ist. Er kann auch nicht von der Sakristei aus in die Kirche sehen oder vorher alles probieren, nur hören kann er. Er hört den Posaunenchor, den Männergesangverein, die Predigt und die Orgel. Dann hört er, wie wir zu singen anfangen. Er überlegt, dass der Knopf für das Licht über dem Eingang irgendwo in der Mitte sitzen müsste, und drückt auf den unteren mittleren Schalter. Das war die Lampe in der Sakristei, und Fritz sitzt erst einmal im Dunkeln. Nachdem er sich etwas beruhigt hat und es ihm geglückt ist, das Licht wieder einzuschalten, hört er, dass wir schon bei der zweiten Strophe angelangt sind. Schnell drückt er einen etwas höher gelegenen Schalter – da geht das Licht auf der rechten Seite der Empore aus.

August Lütge brüllt laut: »Liiiicht an«, dann schlägt er sich erschrocken auf den Mund; er hat vergessen, dass er in der

Kirche und nicht auf der Kegelbahn ist. Doch Fritz Wille hat den Ruf gehört, und das Licht der Empore geht wieder an. Unsere Strophe ist fertig gesungen, nun setzt die Orgel ein. Wir haben uns noch nichts dabei gedacht, als das Licht auf der Empore einmal kurz aus und schnell wieder an war.

Wie jetzt aber plötzlich die drei großen Leuchter im Mittelschiff ausgehen, starren wir alle nach oben, der Pastor auch. Mit erhobenem Gesicht singen wir die dritte Strophe. Wir sind noch dabei, als die Leuchter wieder angehen, dafür sind die Lampen in beiden Seitenschiffen aus.

Im linken Seitenschiff sitzt ganz am Ende einer Reihe unser Elektrikermeister, Johann Bosse. Mit Besorgnis hat er die wechselnde Beleuchtung beobachtet, denn niemand weiß so gut wie er, dass einige Reparaturen in der nächsten Zeit unumgänglich sind. Bei dem feierlichen Orgelspiel, das nach unserem Gesang wieder an der Reihe ist, steht er auf und drängt sich durch die Reihe. Dadurch entsteht einige Unruhe, jedoch nicht mehr als auf der Empore, die jetzt im Dunkeln liegt. Allerdings sind die Seitenschiffe wieder erleuchtet.

Wir singen und sehen Johann Bosse nach, wie er durch den Mittelgang eilt. Er wird den Fehler schon finden, denken wir. Eine Sekunde lang ist das Licht ganz weg, und nur vorn der Christbaum erstrahlt, danach leuchten alle Lampen wieder auf, die irgend leuchten können.

Der Pastor ist die Treppe von der Kanzel hinuntergeklettert und eilt hinter dem Elektrikermeister her. Sie verschwinden hinter der Tür zur Sakristei.

Der Pastor fehlt uns sehr. Wenn er nicht vornewegsingt, müssen wir die Gesangbücher aufschlagen. Wir geraten mit dem Text durcheinander, einige singen die vierte, andere schon die fünfte und sechste Strophe. Doch wir schaffen auch das, und die Orgel kann uns wieder ablösen.

Kurz hintereinander flackern jetzt die Kerzen am Christbaum dreimal aus und an, danach verlöschen sie. Gleich darauf liegt die ganze Kirche im Dunkeln. Die Orgel verklingt mit einem immer tiefer werdenden Pfeifton, wir sind stolz, dass sie seit dem letzten Sommer elektrische Blasebälge hat.

In der Sakristei hat Fritz Wille, unterstützt vom Elektrikermeister und vom Pastor, einen Kurzschluss gemacht.

Zum Glück kennt Johann Bosse die Schalttafel auch im Dunkeln ganz genau. Es ist nicht das erste Mal, dass er hier steht. Er findet die Sicherungen, und das Licht geht überall wieder an. Die Orgel pfeift wie eine Lokomotive, ehe sie mit einem neuen Zwischenspiel einsetzt. Der Pfarrer steht wieder auf der Kanzel, und wir holen Luft, um die letzte Strophe zu singen.

Da erdröhnen die Glocken.

Fritz Wille hat sich in der Sakristei abgestützt und den Hebel für das Geläut erwischt. Es ist für uns das Zeichen, dass der Gottesdienst vorüber ist, und wir drängen aufgeregt zum Ausgang. Wir sehen nicht mehr, dass der Elektrikermeister nun in der richtigen Reihenfolge die Lampen verlöschen lässt, bis allein der Christbaum strahlt.

Wir gehen nach Hause, als kämen wir aus einem Kino.

24. DEZEMBER

NACH DEM LUKASEVANGELIUM

Jesu Geburt

Es begab sich aber zu der Zeit, dass ein Gebot von dem Kaiser Augustus ausging, dass alle Welt geschätzt würde. Und diese Schätzung war die allererste und geschah zur Zeit, da Quirinius Statthalter in Syrien war. Und jedermann ging, dass er sich schätzen ließe, ein jeder in seine Stadt.

Da machte sich auf auch Josef aus Galiläa, aus der Stadt Nazareth, in das jüdische Land zur Stadt Davids, die da heißt Bethlehem, weil er aus dem Hause und Geschlechte Davids war, damit er sich schätzen ließe mit Maria, seinem vertrauten Weibe; die war schwanger. Und als sie dort waren, kam die Zeit, dass sie gebären sollte. Und sie gebar ihren ersten Sohn und wickelte ihn in Windeln und legte ihn in eine Krippe; denn sie hatten sonst keinen Raum in der Herberge.

Und es waren Hirten in derselben Gegend auf dem Felde bei den Hürden, die hüteten des Nachts ihre Herde. Und der

Engel des Herrn trat zu ihnen, und die Klarheit des Herrn leuchtete um sie; und sie fürchteten sich sehr. Und der Engel sprach zu ihnen: Fürchtet euch nicht! Siehe, ich verkündige euch große Freude, die allem Volk widerfahren wird; denn euch ist heute der Heiland geboren, welcher ist Christus, der Herr, in der Stadt Davids. Und das habt zum Zeichen: Ihr werdet finden das Kind in Windeln gewickelt und in einer Krippe liegen. Und alsbald war da bei dem Engel die Menge der himmlischen Heerscharen, die lobten Gott und sprachen: Ehre sei Gott in der Höhe und Friede auf Erden bei den Menschen seines Wohlgefallens.

Und als die Engel von ihnen gen Himmel fuhren, sprachen die Hirten untereinander: Lasst uns nun gehen nach Bethlehem und die Geschichte sehen, die da geschehen ist, die uns der Herr kundgetan hat. Und sie kamen eilend und fanden beide, Maria und Josef, dazu das Kind in der Krippe liegen. Als sie es aber gesehen hatten, breiteten sie das Wort aus, das zu ihnen von diesem Kinde gesagt war. Und alle, vor die es kam, wunderten sich über das, was ihnen die Hirten gesagt hatten. Maria aber behielt alle diese Worte und bewegte sie in ihrem Herzen. Und die Hirten kehrten wieder um, priesen und lobten Gott für alles, was sie gehört und gesehen hatten, wie denn zu ihnen gesagt war.

Und als acht Tage um waren und man das Kind beschneiden musste, gab man ihm den Namen Jesus, wie er genannt war von dem Engel, ehe er im Mutterleib empfangen war.

24 ADVENTSGESCHICHTEN FÜR DEN MANN

Anmerkungen und Textnachweise

PETER STAMM, *1963
„ELINS ÄPFEL" erschien 2010 als Sonderdruck für die Kommunikationsagentur Weissgrund in Zürich, www.weissgrund.ch.
Copyright © 2010 by Peter Stamm

MARTIN SUTER, *1948
Martin Suter: Eine Führungskrise. Aus: Martin Suter: Huber spannt aus und andere Geschichten aus der Business Class. Zürich: Diogenes, 2005. S. 177 ff. © 2005 Diogenes Verlag AG, Zürich

HELGE SOBIK, *1967
Helge Sobik: Hoch oben beim Weihnachtsmann. Aus: Helge Sobik: Lesereise Finnland. Das letzte Postamt diesseits des Polarsterns. Wien: Picus Verlag 2010. © 2002 Picus Verlag Ges.m.b.H., Wien

ANONYM
Eine Wintergeschichte. Aus: Hereingeschneit! Lichtblicke für die kalte Jahreszeit. Geschichten und Gedichte. Hrsg. von Jessica Biesemann. Münster: Coppenrath, 2003. S. 57–62

ERICH KÄSTNER (1899-1974)

*Der Weihnachtsabend des Kellners.
Erschienen in: Doktor Erich Kästners
lyrische Hausapotheke.* © Atrium Verlag,
Zürich 1936 und Thomas Kästner

KURT SCHWITTERS (1887-1948)

*Kurt Schwitters: „Nikolaus". Aus Kurt
Schwitters: Das literarische Werk, Bd. 3
Prosa 1931-1948, hrsg. von Friedhelm
Lach.* © 1975 DuMont Buchverlag Köln,
S. 15 ff.

HANS-JÜRGEN HEISE, *1930

*Hans-Jürgen Heise: Der zu spät erfüllte
Wunsch. Aus: Hans-Jürgen Heise: Katzen
fallen auf die Beine. Short Stories und
andere Kurzprosa. Kiel: Neuer Malik Verlag, 1993. Neu erschienen in: Ein Kobold
von Komet. Göttingen: Wallstein, 2005.*
© Hans-Jürgen Heise, Kiel

KURT TUCHOLSKY (1890-1935)

*Kurt Tuckolsky: Himmlische Nothilfe. Aus:
Kurt Tucholsky: Gesammelte Werke in 10
Bänden, Band 3, Rowohlt, Reinbek bei
Hamburg, S. 631-632*

BERTOLT BRECHT (1898-1956)

*„Das Paket des lieben Gottes" aus
Bertolt Brecht, Werke. Große kommentierte Berliner und Frankfurter Ausgabe,
Band 19: Prosa 4.* © Suhrkamp Verlag
Frankfurt am Main 1997

HANS SCHEIBNER, *1936

*Hans Scheibner: Familienglück. Aus
Hans Scheibner: Der Weihnachtsmann in
Nöten. Satiren. Deutscher Taschenbuch
Verlag, S. 142 ff.* © Hans Scheibner

BRÜDER GRIMM

Jacob Ludwig Carl Grimm (1785-1863)
und Wilhelm Carl Grimm (1786-1863)

*Brüder Grimm: Der goldene Schlüssel.
Brüder Grimm: Kinder- und Hausmärchen. Ausgabe letzter Hand.
Mit einem Anhang sämtlicher, nicht in
allen Auflagen veröffentlichter Märchen.
Hrsg. von Heinz Rölleke. Stuttgart:
Reclam, 1980, 1997, S. 7*

FRANK SCHULZ, *1957

*Frank Schulz: Der Schornsteinfeger.
Aus „Mehr Liebe" von Frank Schulz.
Erschienen bei Galiani Berlin im Verlag
Kiepenheuer & Witsch.* © 2010 by Verlag
Kiepenheuer & Witsch GmbH & Co. KG,
Köln

ROBERT GERNHARDT (1937-2006)

Robert Gernhardt, Die Falle. Eine Weihnachtsgeschichte. © Robert Gernhardt
1993. Alle Rechte vorbehalten S. Fischer
Verlag GmbH, Frankfurt am Main

WALTER BENJAMIN (1892-1940)

*Walter Benjamin: „Blumeshof 12".
Aus: Berliner Kindheit um Neunzehnhundert,* Suhrkamp Verlag Frankfurt am Main
1950 (Bibliothek Suhrkamp)

RAINER MARIA RILKE (1875–1926)

Rainer Maria Rilke: Brief an die Mutter. Aus: Rainer Maria Rilke: Gesammelte Briefe in sechs Bänden. Bd. 4: Briefe aus den Jahren 1914 bis 1921. Hrsg. von Ruth Sieber-Rilke und Carl Sieber. Leipzig Insel-Verlag, 1938. S. 360–263

VERHEISSUNG DES MESSIAS

Jesaja 9,1–6. Die Bibel. Nach der Übersetzung Martin Luthers. Bibeltext in der rev. Fassung von 1984. Durchges. Ausg. in neuer Rechtschreibung. Stuttgart 2001. © 1999 Deutsche Bibelgesellschaft Stuttgart

ÖDÖN VON HORVÁTH (1901–1938)

Ödön von Horváth: Legende vom Fußballplatz. Aus Ödön von Horváth: Gesammelte Werke. Band IV. Suhrkamp Verlag Frankfurt am Main 1971

MATTHIAS CLAUDIUS (1740–1815)

Matthias Claudius: Ein Lied hinterm Ofen zu singen. Aus Matthias Claudius: Ausgewählte Werke. Hrsg. von Walter Münz. Stuttgart: Reclam, 1990. (Universal-Bibliothek. 1691.)

JOACHIM RINGELNATZ (1883–1934)

Joachim Ringelnatz: Was würden Sie tun... Aus: Joachim Ringelnatz: Und auf einmal steht es neben dir. Gesammelte Gedichte. Berlin: Henssel, 1950

WALTER MÜLLER, *1950

Walter Müller: Meine zwei Adventkalender. Aus Walter Müller: Engel, Engel scharenweise. © Argon Verlag, Berlin 2002. Alle Rechte vorbehalten S. Fischer Verlag GmbH, Frankfurt am Main

HERBERT ROSENDORFER, *1934

Herbert Rosendorfer: „Der Weihnachtsdackel". Aus: „Die Frau seines Lebens" und andere Geschichten. München: Nymphenburger, 1985. S. 144–154. © 1985 by nymphenburger in der F. A. Herbig Verlagsbuchhandlung GmbH, München

TOMI UNGERER, *1931

*Tomi Ungerer: Eine genaue Untersuchung. Aus: Rambeck, Brigitta (Hrsg.): Mein Weihnachten. 40 Ansichten zu einer un-heiligen Jahreszeit.
© München: Buchendorfer Verlag, 2000. (Jetzt MünchenVerlag)*

MARGRET RETTICH, *1926

Margret Rettich: Die Kirchengeschichte. Aus Margret Rettich: Wirklich wahre Weihnachtsgeschichten, illustriert von Rolf Rettich. S. 65–69 © Annette Betz Verlag/ Verlagsgruppe Ueberreuter

JESU GEBURT

LUKAS 2,1–21. Die Bibel. Nach der Übersetzung Martin Luthers. Bibeltext in der rev. Fassung von 1984. Durchges. Ausg. in neuer Rechtschreibung. Stuttgart 2001. © 1999 Deutsche Bibelgesellschaft Stuttgart